La laïcité, quel héritage ?

ENTRÉE LIBRE

Collection dirigée par Christine CAND avec la collaboration de Cyril DÉPRAZ, Marcel FALLET Pierre GISEL et Serge MOLLA

1. Claude F. MOLLA, *L'Islam, c'est quoi ?* 150 questions et réponses.
2. Robert GRIMM, *Culpabilité sans issue ?*
3. Francine et André DUMAS, *Marie de Nazareth.*
4. Christian DUQUOC, *La femme, le clerc et le laïc.* Œcuménisme et ministère.
5. Jacques GALTIER, *Protestants en Révolution.*
6. Jean-Marc PRIEUR, *Responsables de la création.* Rassemblement œcuménique paix et justice.
7. Éric FUCHS et Christian GRAPPE, *Le droit de résister.* Le protestantisme face au pouvoir.
8. Jean BAUBÉROT, *La laïcité, quel héritage ?* De 1789 à nos jours.
9. Denis MÜLLER, *Fascinante astrologie.*

ENTRÉE LIBRE Nº 8

Jean Baubérot

La laïcité, quel héritage ?

De 1789 à nos jours

Labor et Fides

CHEZ LE MÊME ÉDITEUR :

Itinéraires socialistes-chrétiens (coll.), 1983.
Genève protestante en 1831 (coll.), 1983.
Le Pouvoir de contester, 1983.
Les Nouveaux Clercs (coll.), 1985.
Le retour des Huguenots (co-éd. Cerf), 1985.

Couverture : graphisme original de Bernard Bolli
Illustration : Vincent Van Gogh (1853-1890), « 14 Juillet à Paris ».

ISBN : 2-8309-0600-4

Si vous souhaitez être tenu au courant de nos publications,
il vous suffit de nous le signaler à notre adresse :

1, rue Beauregard, CH - 1204 Genève

INTRODUCTION

Deux siècles d'histoire : vaste période. Et il en est des parcours historiques comme des voyages : il faut se repérer. Cartes d'état-major ou plans de villes sont détaillés mais couvrent un maigre espace. Quand vous voulez aller loin d'une traite, vous êtes alors obligés de prendre une carte où 1 cm représente 10 km. Sur ces cartes beaucoup d'indications ne figurent pas, seuls les grands axes routiers sont marqués, des routes paraissent droites ; en fait, elles virent de temps en temps. Sélection et schématisation constituent la rançon du long trajet rendu possible.

Ce petit livre ressemble à de telles cartes. Il décrit une histoire de la laïcité forcément un peu cavalière. Nombre d'indications devraient être précisées et nuancées. Mais nous espérons donner quelques lignes de force et faire comprendre pourquoi et comment la laïcité s'est construite en France de façon relativement spécifique.

Sur ce plan-là, comme sur d'autres, le rendez-vous européen de 1992-1993 va sans doute provoquer des comparaisons entre les situations nationales et régionales. L'Europe s'édifie à partir d'histoires diverses. Chacun amène son héritage, sa sensibilité, sa manière de résoudre les problèmes. Entre le bicentenaire de la Révolution française et cette importante échéance européenne, il est peut-être opportun de tenter de faire le point.

Ce court ouvrage a été rédigé pour un large public. A une page ou une autre, de nombreuses études sont donc utilisées sans être citées. Telle est la règle du jeu de la collection *Entrée libre* ; nous n'avons pas voulu y déroger. Une brève bibliographie permettra, à ceux qui le souhaitent, de compléter leur lecture.

Cette histoire de la laïcité en France n'est pas un manuel. Elle est construite à partir d'un schéma qui nous est propre. Il constitue une sorte d'instrument de mesure pour mettre en ordre l'infinie diversité de la réalité concrète, clarifier l'enjeu des luttes et des débats. Il a déjà servi dans deux ouvrages précédents *(Le retour des Huguenots, 1985, et Le protestantisme doit-il mourir ?, 1988)* à analyser les rapports entre protestantisme et laïcité. Nous pensons qu'il peut avoir une portée plus générale.

Ce schéma, nous l'avons intitulé le double seuil de laïcisation. Cette notion peut paraître, a priori, obscure. Elle sera expliquée. La laïcité peut être abordée de diverses manières. Ses liens avec des idéaux modernes — certaines conceptions de l'instruction, par exemple — auraient pu servir de point de départ. Ils nous semblent appartenir plutôt à l'ensemble du processus occidental de sécularisation[1]. Nous aurions pu aussi traiter des liens du mouvement laïque avec d'autres mouvements, tel celui des mutualités. Mais l'ouvrage aurait pris, alors, une autre dimension.

De façon délibérée, nous avons privilégié ce qui nous semble au cœur de la laïcité française : la manière dont elle s'est située face au statut de la religion dans la société. A partir de cette approche institutionnelle, nous ne tardons pas à rencontrer d'autres problèmes : culturels, politiques, etc. Mais nous ne cachons pas qu'il aurait été possible de procéder un peu autrement.

Dernière précision : nous avons cherché, dans la mesure du possible, à être objectif. Ce n'est jamais facile. Et la difficulté redouble quand il faut traiter rapidement de problèmes fort complexes et souvent, encore aujourd'hui, passionnels. Mais l'enjeu de notre schéma est précisément là. Permet-il d'éviter d'écrire une histoire édifiante ou polémique, de ne pas avoir une vision manichéenne de la réalité historique ? Dans le jargon universitaire, nous parlons d'adopter une attitude « méthodologiquement agnostique », de suspendre nos jugements de valeur.

1. Ce terme est généralement utilisé, en sociologie, comme une notion très large qui désigne la perte d'influence sociale de la religion. En ce qui nous concerne, nous distinguons la sécularisation (à dominante culturelle) de la laïcisation (à dominante institutionnelle) et, pour la sécularisation elle-même, deux mouvements : le premier concerne le savoir et la connaissance, le second la référence aux valeurs.

Mais il s'agit d'une suspension et non d'une suppression. L'enchaînement des faits et leur cohérence à peu près établis, l'historien et ses lecteurs pourront y trouver ample matière à réflexion personnelle, voire à militance : la laïcité est, pensons-nous, une valeur précieuse toujours à renouveler et à enrichir.

CHAPITRE I

LES DÉBUTS DE LA RÉVOLUTION ET L'IMPOSSIBLE LAÏCITÉ

Une société de « chrétienté »

La société française de 1789 est imprégnée par la religion. Le calendrier liturgique rythme la vie quotidienne. Depuis la Révocation de l'Edit de Nantes (1685), l'unité de la foi est obligatoire. Chacun doit faire ses Pâques et se confesser à un prêtre. Le clergé est le premier des trois ordres du Royaume.

La royauté repose sur des justifications religieuses (théorie de la monarchie de droit divin), ce qui se manifeste, notamment, par la cérémonie du sacre dans la cathédrale de Reims. Lieutenant de Dieu sur terre, le roi possède un pouvoir politico-religieux. Défendre le catholicisme fait partie de ses devoirs fondamentaux.

L'Église catholique est une institution englobante : de

manières diverses, elle exerce une influence ou un pouvoir sur d'autres institutions. Par conséquent, d'autres institutions, qui n'existent souvent qu'à un état embryonnaire, se situent dans sa sphère d'influence quand ce n'est pas sous sa coupe directe. État-civil, assistance médico-sociale, enseignement se trouvent aux mains des clercs ou étroitement contrôlés par eux. Ainsi, un médecin peut se retrouver en prison s'il cache à son malade que l'heure de la mort approche. En effet, il faut pouvoir se préparer au voyage dans l'au-delà et, surtout, y arriver muni du sacrement d'extrême-onction.

Mais n'ayons pas une vue trop schématique de cette société. Peu à peu, la royauté a construit une structure politico-administrative largement autonome. Le Concordat de 1516 avait, dès cette époque, instauré un partage des pouvoirs entre le roi et le pape pour les nominations du haut clergé. S'est développé, ensuite, un courant gallican. Sans prôner une rupture avec Rome, il privilégie une conception nationale du catholicisme. L'esprit des Lumières imprègne une partie de la noblesse et de la bourgeoisie. Par certains côtés, cet esprit est différent de l'*Enlightenment* anglais et de l'*Aufklärung* allemand. En Europe du Nord, il apparaît comme un combat interne au protestantisme, déjà diversifié. En France, des philosophes attaquent, de façon frontale, l'Église catholique. « Écrasons l'infâme », écrit Voltaire.

Ce combat, certes, reste celui de certaines individualités. Mais s'il existe alors, peu d'esprits irréligieux (Voltaire, lui-même, est déiste et il fait construire une église à Ferney), on constate une progression de l'intériorisation et de l'individualisation de la religion. L'évolution des clauses de testaments, dans certaines provinces, montre que l'on choisit de ne plus « faire confidence » de ses préoccupations religieuses. Malgré l'interdit catholique, des pratiques contraceptives, connues de longue date, se répandent.

L'esprit du temps rend de plus en plus incongrue la poursuite de la persécution contre les protestants réformés. En novembre 1787, l'Édit dit « de tolérance » reconnaît qu'il existe, en France, des « non-catholiques ». Il leur donne certains droits civils (notamment la possibilité de bénéficier d'un état-civil). Mais Louis XVI précise, dans l'article I : « La religion catholique (...) continuera de jouir seule dans notre royaume du culte public ». Les Cahiers de Doléances montrent que cette disposition est approuvée par la quasi-totalité de ses sujets. Excepté en quelques endroits — où ils sont rédigés par des protestants — les Cahiers du Tiers-État ne demandent, au mieux, qu'une tolérance de fait, parcimonieuse et contrôlée. La possibilité d'une société laïque leur est totalement étrangère, ainsi que l'égalité juridique des cultes.

Déclaration des Droits et liberté religieuse

L'article X de la Déclaration des Droits de l'homme et du citoyen proclame, pourtant, le principe de la liberté religieuse. Il provoque la première fracture entre la Révolution et l'Église catholique. Cette Église ne s'est pas opposée, globalement, à la Déclaration des Droits. Certes, deux siècles durant, la réflexion sur ce sujet s'est principalement développée à partir d'œuvres d'auteurs de mouvance protestante, de Hugo de Groot, dit Grotius et de John Milton à Jean-Jacques Rousseau, en passant par Samuel Pufendorf, Christian Wolf, Pierre Bayle et John Locke. De même, l'élaboration de déclarations des droits a été d'abord une pratique de l'Amérique protestante. Tout cela pouvait donner aux Droits de l'homme un parfum d'hérésie. Mais un quart des députés de la Constituante sont des membres du clergé catholique et bon nombre d'entre eux se montrent « patriotes » : La Fare, évêque de Nancy, préside le VIe bureau, auteur du projet de déclaration mis en discussion. Et, lorsqu'en mars 1791, le pape désavoue la Déclaration, les évêques français répliquent : « Nous avons désiré établir le véritable empire de la liberté publique et nous avons reconnu sans peine cette égalité naturelle qui n'exclut aucun citoyen des places auxquelles la Providence l'appelle par la voie de ses talents et de ses vertus. »

La liberté peut-elle s'insinuer jusque dans le domaine religieux ? En 1789, le clergé catholique n'est pas seul à répondre négativement. Différents projets de déclarations des droits n'admettent que la tolérance, limitée par le respect du « culte national ». Telle est la tendance dominante des articles mis en discussion le 22 août. Les voici :

« Article 16. La loi ne pouvant atteindre les délits secrets, c'est à la religion et à la morale à la suppléer. Il est donc essentiel pour le bon ordre de la société, que l'une et l'autre soient respectées.

— Article 17. Le maintien de la religion exige un culte

public. Le respect pour le culte public est donc indispensable.

— Article 18. Tout citoyen qui ne trouble pas le culte établi ne doit pas être inquiété. »

Ce projet se situe dans la perspective d'une utilité sociale fondamentale de la religion. Une telle conception fait partie du discours des Lumières (« jamais État ne fut fondé que la religion ne lui servît de base », écrit Rousseau à la fin du *Contrat Social*) et celui de l'apologétique catholique (« le vrai est le fondement de l'utile »). Ces deux discours polémiquent entre eux à partir d'une idée commune : la religion est un élément constitutif du lien social.

Concrètement, ces articles veulent rejeter l'intolérance. Mais ils continuent d'affirmer la nécessité de ne pas troubler le culte établi (au singulier). En clair : ne pas recréer de culte public concurrent, garder la censure pour les ouvrages traitant de religion, etc.

Sans nier l'utilité sociale de la religion (mais l'intolérance, disent-ils, est socialement néfaste), les partisans de la liberté religieuse se situent dans une autre logique : celle des droits de l'individu. Selon eux, la religion est source de conviction personnelle avant d'être source de morale sociale. Et, parmi ses prescriptions, se trouve l'obligation de célébrer publiquement sa foi. Le comte de Castellane propose donc un article unique : « Nul homme ne doit être inquiété pour ses opinions religieuses ni troublé dans l'exercice de sa religion. »

Le 23 août, l'Assemblée adopte le début de cette contre-proposition : « Nul ne doit être inquiété pour ses opinions, même religieuses » indique la première partie de l'article X. Mais, après diverses interventions du clergé et une bataille d'amendements menée dans un climat très passionnel, la seconde partie de l'article X déclare : « ... pourvu que leur manifestation ne trouble pas l'ordre public établi par la loi. » Formule équivoque. S'il s'agit d'un ordre public pluraliste, laïcisé, alors la liberté religieuse peut éclore. S'il s'agit, au contraire, d'un ordre autoritaire, clérical, l'exercice de certaines religions peut se trouver soumis « à la plus terrible inquisition », dira le duc de Levis. Levis craignait pour les religions minoritaires, voire pour la critique de la religion. En fait, ironie de l'histoire, l'ordre public établi par la loi va frapper le catholicisme.

Liberté religieuse et mesures laïcisatrices

La logique de la liberté religieuse va progressivement être appliquée aux minorités. Non sans problèmes ni zigzags. Le 24 décembre 1789, l'Assemblée décrète que « les non-catholiques pourront être électeurs et éligibles, qu'ils sont capables de tous emplois civils et militaires, comme tous les autres citoyens ». Mais elle ajoute : « Sans rien préjuger relativement aux juifs. » Les protestants, seuls, se trouvent donc admis à tous les emplois. L'antisémitisme est puissant dans l'Est de la France : on craint une vive réaction des populations si les juifs sont émancipés.

Mais, pour les juifs du Sud-Ouest, cette décision constitue une régression. Ils bénéficient, en effet, depuis longtemps de « privilèges » qui leur donnent, de fait, un statut de citoyen. Et voilà, six mois après la nuit du 4 août, l'Assemblée Constituante qui se trouve obligée de confirmer ces « privilèges » d'Ancien Régime, le 28 janvier 1790, faute de donner l'égalité à l'ensemble des juifs.

La Constitution est adoptée le 3 septembre 1791. Elle garantit comme « droit naturel et civil », pour chaque citoyen, la liberté « d'exercer le culte auquel il est attaché ». Une liberté religieuse complète se trouve, cette fois, reconnue sans équivoque. Cela rend le décret pris en décembre 1789 contre les juifs d'autant plus incongru : « Les juifs ne peuvent pas être exceptés de la jouissance de ces droits, alors même que les païens, les Turcs, les musulmans, les Chinois même, les hommes de toutes les sectes en un mot y sont admis », dira Adrien Duport.

Les 27 et 28 septembre, l'égalité et le statut de citoyen sont donc donnés aux juifs qui prêteront le serment civique (condition qui ne leur est pas particulière) et renonceront « à tous privilèges et exceptions introduits précédemment en leur faveur ».

La liberté de l'individu, le serment qui l'insère activement dans le pacte social, la Nation résultat de l'adhésion unanime et volontaire de tous : tel est le schéma idéal de la Révolution. Dans cette optique, le choix de la religion (y compris dans ses manifestations collectives) est une des dimensions de la liberté individuelle. C'est, en germe, le principe de la séparation des Églises[2] et de l'État de 1905. Nous l'avons vu s'appliquer aux minorités religieuses. Il implique également des mesures globales.

La Déclaration des Droits est proclamée en « présence » et sous les « auspices de l'Être suprême », formule religieuse mais consensuelle (du moins des déistes aux catholiques). La Constitution de 1791 laïcise la royauté qui provient désormais d'un contrat passé avec la Nation. Son non-respect amène l'instauration de la République (août-septembre 1792). L'État n'a plus de fondement religieux.

Une laïcisation juridique est effectuée. Tenu jusqu'alors par le clergé catholique, l'état-civil est transféré aux municipalités. Le mariage devient légalement un simple contrat civil : fin des interdictions canoniques, possibilité du divorce (septembre 1792). De semblables mesures auraient pu aller de pair avec une laïcisation de l'assistance médico-sociale et de l'enseignement. Mais les projets élaborés n'aboutissent pas à une législation d'ensemble et les textes votés, sur l'école notamment, auront peu d'application.

Ces projets constitueront, pourtant, des visées d'avenir qui seront reprises au XIXe siècle. A l'objectif de laïcisation de la profession enseignante, des *Mémoires*, tels ceux du

2. Sans autre précision, ce terme désigne, comme chez Durkheim, toute organisation religieuse, chrétienne ou non chrétienne. Entouré de guillemets, il est utilisé pour : Église catholique.

marquis de Condorcet, ajoutent la laïcisation des matières enseignées. Ainsi, la morale. Ses principes, explique-t-il, seront « fondés sur nos sentiments naturels et sur la raison », car ils appartiennent également à tous les hommes. Dans cet esprit, « même la Déclaration des Droits de l'homme ne sera présentée à aucune classe de citoyens comme des tables descendues du ciel, qu'il faut adorer et croire ».

En octobre 1793, enfin, la laïcisation du temps se manifeste par la création d'un nouveau calendrier. S'inscrivant dans un processus plus large de décimalisation, il substitue la décade à la semaine et le décadi au dimanche comme jour chômé. Mais cette rationalisation est équivoque. La fondation de la République devient l'an I de la nouvelle ère, à la place de la naissance du Christ. Ce changement d'origine peut signifier un transfert de religieux, ce que montrera notamment le culte décadaire.

De la « régénération » à la répression

Ces mesures laïcisatrices vont dans le sens d'un démantèlement de l'Église catholique en tant qu'institution englobante. Avant d'en arriver là, les révolutionnaires avaient d'abord estimé que le catholicisme ne pouvait échapper à la « régénération » de la société entreprise par la Constituante. Le rapport présenté pour la Constitution Civile du clergé est très explicite : « De tous ceux qui, dans les temps anciens ou modernes, se sont chargés de la tâche difficile de régénérer les nations civilisées, il n'en est pas un qui n'ait fondé ses institutions sur la base sacrée de la religion. » Grâce à la religion, l'ensemble des citoyens peut former une Nation (sans elle, « le serment n'est qu'un mot vide de sens »). Fondement symbolique[3] du lien social, le catholicisme est, alors, en 1790, toujours considéré comme la « religion nationale » même si, par égard pour la liberté religieuse, l'Assemblée refuse la proposition du chartreux Dom Gerle d'officialiser cette reconnaissance.

La rançon de ce lien maintenu entre « l'Église » et l'État (sous couvert de l'utilité sociale de la religion) est la nécessité de transformer cette Église dominante, de la contraindre à épouser le modèle de la société civile pour qu'elle puisse toujours être source de morale sociale. La Constituante, s'estimant compétente, refuse et de consulter le pape (tradition gallicane) et de convoquer un Concile (pas de corps intermédiaire entre l'individu et la Nation). Talleyrand donne une justification théologique significative de cette procédure : « L'Église est l'assemblée des fidèles. » Celle-ci, « dans un pays catholique, est-elle autre chose que la Nation ? ».

Les dispositions principales de la Constitution Civile du clergé sont connues. Diocèses et paroisses sont remodelés à la manière des circonscriptions administratives. Surtout, le principe électif est introduit dans la nomina-

3. Durkheim indique à peu près ce qu'est une structure symbolique en écrivant : « Une société n'est pas simplement constituée par la masse des individus qui la composent, par le sol qu'ils occupent, par les choses dont ils se servent, par les mouvements qu'ils accomplissent, mais avant tout [nous écririons plutôt "mais aussi"] par l'idée qu'elle se fait d'elle-même. » Mais cette perspective donne à ce mot « idée » un sens différent de la tradition philosophique. On pourrait parler de « réel idéalisé ».

tion des évêques et des curés selon les modalités prévues pour les députés, les administrations départementales et les juges des tribunaux. Ce changement atteint ce qui constitue la structure fondamentale de l'Église catholique comme institution : la hiérarchie (12 juillet 1790).

Réserve des évêques qui réclament un Concile, désaveu du pape, mise à l'épreuve du clergé sous la forme d'un serment (entre 52 et 55 % des « prêtres-jureurs » en 1791), division du catholicisme en deux Églises, l'une constitutionnelle et l'autre réfractaire, tel est l'engrenage qui suit la promulgation de la Constitution Civile. Cet engrenage conduit à la répression et à la persécution. Le 29 novembre 1791 un décret — il sera suivi de plusieurs autres — est adopté contre les « prêtres réfractaires ». « L'ordre établi par la loi » — c'est-à-dire la fin de l'article X de la Déclaration des Droits — est explicitement évoqué.

La religion catholique devait légitimer[4] l'ordre nouveau. A partir de 1791, une partie d'elle devient de plus en plus un ferment de résistance à la Révolution. Les zones de refus majoritaire du serment coïncident, dans une large mesure, avec celles où les menées contre-révolutionnaires seront les plus vives. Dans une telle situation, les mesures laïcisatrices apparaissent insuffisantes à beaucoup. Le salut de la Révolution n'implique-t-il pas qu'elle façonne désormais une religion à son image ?

4. La « légitimité » est ce qui, dans une société donnée, permet à des comportements, des conceptions, des règlements, d'imposer plus ou moins leurs normes sans recourir à la force physique.

CHAPITRE II

LE PREMIER SEUIL DE LAÏCISATION

Les cultes révolutionnaires

Dès 1789, la Révolution cherche à célébrer les changements qu'elle entraîne et l'ordre nouveau qu'elle instaure. Le catholicisme donne un fondement religieux à ces célébrations (*Te Deum*, sermons patriotiques, bénédiction des nouveaux drapeaux, réception des serments, etc.). Tel est encore le cas lors de la Fête de la Fédération, le 14 juillet 1790 : à Paris, un an plus tard, l'église Sainte Geneviève est transformée en Panthéon. Le corps de Voltaire y est transféré. Première grande célébration où le catholicisme n'a plus de part.

Il n'est plus évident, après la rupture amenée par la Constitution Civile du clergé, que la « religion des pères » soit apte à célébrer la nouvelle société. N'a-t-elle pas, d'ailleurs, été étroitement associée à l'ordre ancien qu'elle légitimait ? Dès le lendemain du 14 juillet 1789, une certaine propagande anti-révolutionnaire avait comparé la figure de Louis XVI souffrant à celle du Christ en croix. Désormais les fêtes révolutionnaires vont être créatrices d'une religiosité nouvelle.

Lors de l'an II — c'est-à-dire à partir de l'automne 1793 — l'instauration de cultes révolutionnaires va de pair avec une lutte violente (c'est l'époque de la Terreur) menée contre les religions révélées. Le catholicisme est principalement visé, mais protestantisme et judaïsme sont également atteints. Certes, le clergé catholique constitutionnel, les bourgeoisies protestantes et juives ont souvent été liés au mouvement fédéraliste, mais cela ne nous semble pas expliquer fondamentalement ce mouvement que la Convention n'a pas vraiment voulu et qu'elle a fort peu maîtrisé. Profondément, il s'agit d'une sacralisation de la Révolution (et de ses idéaux) par elle-même. La « régénération » suppose maintenant la purification des anciennes formes religieuses et l'instauration de nouveaux cultes. Les moyens violents utilisés — fermeture d'édifices religieux, abdications forcées de membres des divers clergés, mariages contraints, arrestations et exécutions de prêtres catholiques — sont considérés comme des instruments d'émancipation à l'endroit du « fanatisme » et de la « superstition » qui ont « fait couler des flots de sang ».

« Le culte de la Raison éternelle est le seul digne d'une nation libre et éclairée. » « Nous ne révérons que la Raison ; l'Égalité et la Liberté sont nos seuls Dieux. » « Effaçons jusqu'à la trace du joug superstitieux. La Raison en prend la place, la Raison nous vient des cieux. » « Désormais la Sainte Raison fera notre religion. » Des centaines d'adresses de ce type sont envoyées à la Convention. A Paris, une « fête de la déesse Raison » est célébrée à Notre-Dame le 20 brumaire an II (le 10 novembre 1793). Des villes mais aussi des bourgs et des villages suivent cet exemple.

Les cultes révolutionnaires, qui fascineront Durkheim, font preuve de syncrétisme. Aux déités féminines interchangeables — Raison, Liberté, Patrie — s'ajoutent le culte du Sacré-Cœur-de-Marat, d'autres martyrs et des pélerinages aux tombeaux des « saintes patriotes » victimes des « blancs » dans l'Ouest. La signification de ces diverses formes de religiosité est la même : un rassemblement ritualisé de la communauté autour de valeurs communes, socialement fondatrices et sacralisées.

Robespierre accusera ces cultes de propager « l'athéisme ». Le 18 floréal an II (le 7 mai 1794) il fera décréter que « le peuple français reconnaît l'existence de l'Être Suprême et de l'immortalité de l'âme », instaurant officiellement un nouveau culte moins éloigné des religions révélées. Mais, assez souvent, la Raison était déjà la voix de l'Être Suprême et le culte de ce dernier réutilisera décors, rituels, voire acteurs du culte de la Raison.

De la première séparation au Concordat

Un certain essoufflement se produit à la chute de Robespierre. La loi du 3 ventôse an III (le 21 février 1795) proclame de nouveau la liberté des cultes (en les réglementant, cependant, de façon très stricte) et opère la première séparation, en France, des Églises et de l'État ; aux États-Unis d'Amérique la séparation existe depuis 1791. Aucun culte n'est plus salarié (le culte catholique l'était officiellement, mesure déjà abolie en fait). Rapporteur de la loi, le protestant Boissy d'Anglas affirme la nécessité de la neutralité religieuse de l'État : « Le cœur de l'homme est un asile sacré où l'œil du gouvernement ne doit pas descendre. » Il use aussi d'arguments plus pragmatiques : « Surveillez ce que vous ne pouvez empêcher, régularisez ce que vous ne pouvez défendre. »

Boissy d'Anglas est soutenu par un athée, Cambon, qui avait préalablement obtenu la suppression du budget des cultes. Il souhaitait que l'État prenne ses distances avec toutes les religions, y compris les cultes révolutionnaires. La première République renoue là avec les mesures de laïcisation de 1792. Il faut donc souligner les fluctuations de la politique religieuse révolutionnaire, partagée entre la conviction qu'il faut fonder l'unité de la patrie par une religion nationale et l'émergence d'idées laïcisatrices.

Malgré ses limites (les manifestations extérieures de la religion sont interdites hors de l'enceinte choisie pour l'exercice du culte), cette séparation permet une progressive réorganisation des religions minoritaires juive et protestante. L'Église catholique constitutionnelle, animée par l'évêque Grégoire, « sort des catacombes ». Elle tiendra Concile, d'août à novembre 1797. Créée avec un lien organique l'unissant à l'État, elle se trouve dans une situation difficile. En différents endroits, elle doit partager le bâtiment ecclésiastique avec les cultes révolutionnaires qui subsistent, ce qui alimente la confusion. Pour le catholicisme réfractaire — parfois laissé libre, parfois de nouveau persécuté — elle est considérée comme « hérétique et schismatique ». A la fin de la Révolution, elle va se trouver marginalisée par la volonté du Directoire de maintenir un culte républicain, puis par le dessein de Bonaparte de s'entendre directement avec Rome.

Avant de se séparer, la Convention institue, en octobre 1795, un ensemble de fêtes nationales. On célèbre la République, l'agriculture, la jeunesse, etc. Le Directoire y ajoute des commémorations (la mort de Louis XVI, le 14 juillet). En 1798, le ministre de l'Intérieur, Neufchâteau, organise le culte décadaire, né de l'an II. La loi du 13 fructidor an VI (le 30 août 1798) codifie des cérémonies au rituel sécularisé (actes civiques, lecture des lois, chants, récitations, exercices gymniques). Mais le décadi ne réussit guère à supplanter le dimanche. Le Consulat va réduire à deux le nombre des fêtes nationales et supprimer le culte décadaire.

Bonaparte aborde, en politique, le problème du statut social de la religion. La situation chaotique dont il hérite nuit au maintien de l'ordre ; l'influence et la vitalité du catholicisme réfractaire dans certaines régions sert les partisans de la royauté. Redonner une place officielle à une Église catholique réunifiée lui semble possible, à condition, toutefois, de pouvoir la contrôler et de maintenir quelques grands acquis de la Révolution : la liberté religieuse et l'autonomie de l'État à l'égard de la religion.

Des négociations délicates s'engagent avec le pape. La

voie est étroite entre les exigences pontificales, celles du premier Consul et les oppositions qui existent en France au principe même d'un Concordat. Signé le 10 messidor an IX (le 15 juillet 1801), le Concordat rétablit l'Église catholique en France dans son unité, signifiant la disparition de l'Église constitutionnelle. Certes, certains de ses cadres seront réintégrés comme curés ou évêques de la nouvelle Église, mais la reconstruction se fera en fait principalement à partir de l'Église réfractaire. La religion catholique est proclamée « religion de la grande majorité des Français » sans, pour autant, obtenir un statut de religion d'État. Son culte sera libre et public, « en se conformant aux règlements de police que le gouvernement jugera nécessaires pour la tranquillité publique ».

En fait, les Articles Organiques, que Bonaparte joint unilatéralement au Concordat, débordent de beaucoup la simple police du culte. Ils montrent clairement que, désormais, « l'Église est dans l'État », alors que « l'État n'est pas dans l'Église ». D'autres Articles Organiques concernent le protestantisme et réorganisent les Églises luthérienne et réformée. La pluralité des cultes est donc officielle. La loi du 18 germinal an X (le 8 avril 1802) promulgue, en même temps, le Concordat et les Articles Organiques des cultes catholiques et protestants. Ce pluralisme est complété par la réunion, en 1807, d'un Grand Sanhédrin et d'une Assemblée de notables juifs. En mars 1808, un décret réorganise le « culte israélite ». Ce qu'on appelle communément, et de façon un peu impropre, le « système concordataire » est en place. En effet, il serait plus exact de parler de « système des cultes reconnus », mais l'expression « système concordataire » montre bien le caractère dominant de l'Église catholique.

Une nouvelle logique : le premier seuil de laïcisation

Issu d'un projet qui date de la Constituante, le *Code Civil* est élaboré de 1800 à 1804. Il complète et rend durable la laïcisation juridique amorcée par la Révolution : « Il existe un droit universel et immuable, lit-on dans le *Livre préliminaire*, source de toutes les lois positives ; il n'est que la raison naturelle, en tant qu'elle gouverne tous les hommes. » Le *Code Civil* est d'ailleurs muet sur la religion, montrant clairement que l'État est, dès ce moment-là, laïque dans son fondement. Pour certains juristes, 1804, date du *Code Civil*, apparaît plus fondamental en ce qui concerne la laïcité que 1905, année de la loi de séparation des Églises et de l'État.

Significativement c'est un des auteurs du *Code Civil*, Jean-Étienne Portalis, qui doit justifier et mettre en application le système concordataire. Il utilise trois arguments qui s'emboîtent, telles des poupées russes :

— La religion est nécessaire. Elle est socialement utile car elle constitue une force morale et un élément de sociabilité.

— Cette religion doit être une « religion positive », c'est-à-dire une religion fondée sur la référence à une révélation, à une tradition, et liée à une Église. Accessible seulement au petit nombre, la religion naturelle ne saurait être le véhicule social de la morale. L'effervescence de la religiosité révolutionnaire a montré le danger d'une sphère religieuse non structurée.

— En France, qui dit « religion positive » dit obligatoirement d'abord « catholicisme ». Il n'existe pas d'autre choix réaliste. Il faut donc le remettre en selle. Portalis décrit, au Corps Législatif, un catholicisme éclairé qu'il tire vers une théologie gallicane et jansénisante et qu'il rapproche de certains éléments du protestantisme (certains voyaient, dans ce dernier, une possible réconciliation entre un christianisme rationalisé et une Révolution spiritualisée). Portalis précise, d'autre part, que le catholicisme n'est plus « ni religion exclusive ni religion dominante ». Le pluralisme religieux et la consistance donnée à l'État et à la société civile en dehors de toute référence religieuse entraînent, en effet, une situation structurellement différente de celle qui existait avant 1789.

Il est possible d'évaluer cette situation à l'aide d'un instrument de mesure qui en donne une sorte de portrait-robot. Cet instrument, nous proposons de l'appeler : *premier seuil de laïcisation*[5]. Schématiquement, il est marqué par trois caractéristiques à partir du cadre général d'un État qui n'assure plus le salut des Français, s'occupe de leurs intérêts communs terrestres et s'estime donc incompétent pour imposer des doctrines religieuses proprement dites.

La fragmentation institutionnelle

La religion n'est plus une institution englobante, coex-

5. Construit à partir de la méthode weberienne du type-idéal, chaque seuil de laïcisation est une notion abstraite qui permet de comparer et de mesurer divers éléments de la réalité concrète.

tensive à la société globale. Dépossédé de son rôle d'officier d'état-civil, le clergé doit, par ailleurs, se cantonner dans des activités religieuses désormais nettement distinguées des activités « profanes ». Ainsi les « besoins éducatifs » et les « besoins de santé » prennent une progressive autonomie par rapport aux « besoins religieux », et sont assurés par des institutions spécifiques. Il existe cependant certaines interférences entre les différentes institutions (l'institution religieuse est l'une d'entre elles).

La reconnaissance de légitimité

Il existe toujours des « besoins religieux » socialement objectifs. La religion, fondement de la morale, est utile à la société, ce qui suppose un accord de base entre morale religieuse et morale sociale commune. Le service du culte est donc un service public, dont la légitimité a été reconnue socialement, et l'État assure un traitement aux ministres des cultes reconnus.

Le pluralisme religieux

L'État reconnaît officiellement plusieurs religions qui peuvent, chacune à sa manière, satisfaire les « besoins religieux » de leurs adeptes et concourir à la santé morale du pays. Dans un cadre fixé par la loi, l'État garantit donc la liberté de ces différents cultes. Tout en attestant globalement la religion, il se veut un arbitre impartial. Il est même possible de se passer des « secours de la religion ».

Ce portrait-robot indique une logique dominante sur une assez longue durée — environ un siècle. Il ne décrit nullement une situation statique, figée. Au contraire. D'abord, parce qu'au début du XIXe siècle, certains aspects du système concordataire sont loin d'être entièrement réalisés. Ensuite, parce que ce système va non seulement être mis en question en tant que tel par certaines forces religieuses ou politiques, mais sera aussi l'objet de luttes où chacun tentera d'infléchir à son profit telle ou telle de ses caractéristiques.

Quelques aspects du premier seuil

La situation créée est nouvelle. Ainsi, l'Église catholique retrouve des subsides versés par l'État. On en revient, en apparence, à une disposition de la Constituante quand, à la suite de la décision de vendre les biens ecclésiastiques, il fut décidé que la Nation pourvoirait « d'une manière convenable aux frais du culte, à l'entretien de ses ministres ». Mais, fait nouveau, il ne s'agit plus « du culte » mais « des cultes » : dès 1804, les pasteurs protestants — luthériens et réformés — sont aussi rémunérés par l'État. A partir de 1830, les rabbins le seront également. L'aspect symbolique de cette disposition financière est importante : elle manifeste concrètement l'égalité juridique des cultes reconnus, malgré la disparité du nombre de leurs « fidèles ».

Autre aspect : la laïcisation de l'état-civil est acquise depuis 1792. Mais, de fait, avec l'avènement des cultes révolutionnaires, personne n'avait été vraiment dispensé d'obligation de pratique religieuse. Maintenant, dans la longue durée, chacun possède légalement le droit à s'abstenir de pratiquer. Cela va progressivement entrer dans les mœurs, plus ou moins difficilement suivant les actes religieux. Au début du XIXe siècle, quand le maire d'un village apprend que quelqu'un va mourir, il a tendance à envoyer automatiquement le curé pour qu'il lui donne les « secours de la religion » et le sacrement d'extrême-onction. Il lui semble que cela fait partie de sa responsabilité. Un peu comme aujourd'hui, si un de vos proches est manifestement malade, a 40° de fièvre, vous avez tendance à faire venir le médecin sans trop demander l'avis du malade et sans avoir l'impression de violer une liberté individuelle fondamentale.

Si la pratique religieuse n'est plus obligatoire, l'accès aux biens religieux reste un droit et, lors de la mise en application du système concordataire, l'État cherche à défendre le citoyen — on pourrait presque écrire l'usager — contre une privation de ce droit. L'adjoint de Portalis, Jauffret, affirme, en effet, que « par l'autorisation accordée au culte, l'État prenant l'engagement d'en protéger la doctrine, la discipline et les ministres, s'engageait aussi par une conséquence nécessaire à faire jouir ceux qui les professaient des biens spirituels qu'il pouvait offrir ».

Ceux qui professent la doctrine et la discipline : tout le problème est là. Jauffret admet, par ailleurs, le droit du clergé de fixer des règles pour l'obtention des « biens spirituels » qu'il offrait. Nous avons là un exemple type de la tension délicate entre le droit de l'État à faire assurer un service public par une grande institution qu'il cautionne et la reconnaissance par le même État d'une autonomie de l'institution, de sa compétence propre dans son domaine, de la non-ingérence de l'État dans cette compétence. Lors de la mise en application du système concordataire, le Ministère des Cultes fait prévaloir, semble-t-il, les nécessités du service public contre les refus, par le clergé, d'enterrements religieux. Par contre une autre attitude se manifeste face au mariage : le mariage religieux étant distinct du contrat civil, il nécessite d'accepter les lois propres à chaque organisation ecclésiastique (ainsi, pour un catholique, de ne pas être divorcé). Nous voyons là la situation ambivalente créée par la logique du premier seuil de laïcisation.

La Révolution avait combattu le clergé catholique régulier et suprimé les vœux monastiques. Mais elle avait dû tenir compte de l'aspect socialement utile de certaines fondations. Ainsi, le décret du 18 août 1792 supprime les congrégations hospitalières et prend des mesures qui permettent aux sœurs, plus ou moins sécularisées, de continuer des activités d'assistance.

Non résolu par le Concordat, le problème des congrégations va se poser pendant l'ensemble du XIXe siècle. Portalis partage la méfiance des *Lumières* à l'égard des vœux perpétuels qui « enlèvent à la société des sujets utiles ». Cependant la demande de services sociaux — hospitaliers, enseignants — est plus importante que le personnel non clerc disponible. Et donc l'utilité sociale des congrégations peut justifier une autorisation donnée par le Conseil d'État.

Cette solution présente un aspect circonstanciel : il ne s'agit pas d'attribuer à « l'Église » une autorité dans des domaines non religieux — au contraire : on crée l'Université, organise le corps médical, etc. — mais de lui reconnaître une fonction de suppléance à l'égard d'autres institutions pas encore capables de satisfaire les besoins qui relèvent de leur domaine propre. Mais le catholicisme va-t-il accepter cette fragmentation institutionnelle laïcisatrice qui, de son point de vue, peut être considérée comme un rétrécissement institutionnel, une négation de sa « mission » propre ?

CHAPITRE III

LE CONFLIT DES DEUX FRANCE

Failles et contradictions d'un système durable

Recentrage par rapport à la Révolution, le système concordataire bouleverse le fonctionnement social traditionnel du religieux et instaure une certaine laïcisation. Sa durée montre sans doute sa capacité à prendre en compte différents aspects de la réalité. Mais il comporte aussi failles et contradictions.

Ainsi la sphère religieuse se trouve-t-elle réduite aux religions positives. La Révolution avait pourtant montré que les manifestations de la religiosité pouvaient déborder ce cadre. Spiritualisme, libre-religiosité, religion de l'Humanité, sentiment religieux : les termes ne manquent pas, au XIXe siècle, pour désigner des formes religieuses plus ou moins extérieures aux religions fondées.

Le refus de toute religion est devenu légalement possible. Mais, dans la logique adoptée, il constitue un mauvais exemple sur le plan social. Nous pouvons comparer la conception alors dominante de la liberté religieuse avec celle qui prévaut aujourd'hui, en France, dans la sphère du politique. Exercer une relative pression pour que chacun accomplisse ses devoirs électoraux (« Votez pour qui vous voulez, mais votez »), n'apparaît pas comme une atteinte à la liberté. Légalement possible, parfois majoritaire, l'abstention est cependant considérée comme de l'incivisme et, si elle fait tache d'huile, comme un danger pour le bon fonctionnement de la société. De même agnosticisme et « impiété » apparaissent-ils, dans la logique du premier seuil de laïcisation, comme socialement néfastes.

On retrouverait, dans d'autres pays, une mentalité assez semblable. Elle nécessite cependant un consensus minimum qui n'existe pas dans la France du XIXe siècle. Pourquoi ? Parce que le refus, plus ou moins radical, des religions — ou en tout cas de certains aspects de la plus importante d'entre elles — est souvent lié à des idéaux issus de la Révolution, et ayant acquis une certaine légitimité. L'anticléricalisme — terme commode qui désigne l'ensemble de ces refus — apparaît à beaucoup de Français, en diverses occasions, comme nécessaire pour défendre les « valeurs de 1789 ». Le système concordataire mis en place admet la liberté de la conscience individuelle irréligieuse mais souhaite qu'elle soit discrète. Il ne donne nullement un droit égal à l'affirmation de convictions religieuses et à la critique de la religion.

Autre aspect : l'égalité juridique des différents cultes ne

peut faire oublier la grande différence de poids social entre le culte catholique et les autres. Dans les frontières de 1815, les protestants constituent environ 2 % de la population française et les juifs 0,2 %. A cela correspond le monopole de légitimité diachronique[6] du catholicisme, institution historique, — significativement le terme « cultes dissidents » est utilisé — et l'organisation légale des minorités religieuses tient compte d'un modèle catholique aux dépens de leurs traditions propres. Cependant l'intérêt social de ces minorités dépasse le nombre de leurs adeptes et peut leur conférer une relative légitimité synchronique. Leur existence légale est liée aux « principes de 1789 », elle manifeste officiellement la nécessité de distinguer État, société et religion.

Dernier point à souligner : le système concordataire, pour pouvoir fonctionner normalement, suppose un minimum d'accord entre l'État, la société et les cultes reconnus, essentiellement le culte catholique. Ce n'est pas par hasard que Portalis a présenté au Corps Législatif un type de catholicisme pouvant s'accommoder d'un État issu de 1789 et d'une société nouvelle. Cette présentation correspond, en gros, à la religiosité de nombreux catholiques, ceux qui avaient constitué les troupes de l'Église constitutionnelle jusqu'à l'an II. Mais elle se trouve en dissonance avec une Église qui se reconstruit, de façon dominante, à partir du courant « réfractaire » dont les valeurs et l'idéologie sont contre-révolutionnaires.

6. Dans ce livre, ces termes désignent l'épaisseur historique d'une société (pour diachronique) ; les éléments liés aux nouveautés, aux changements sociaux (pour synchronique).

En 1807, nous l'avons vu, Napoléon a convoqué un Grand Sanhédrin et lui a demandé d'accommoder la loi religieuse juive à la loi civile. Les décisions principales lui donnèrent satisfaction : désaveu de la polygamie, antériorité et supériorité du mariage et du divorce selon la loi de l'État par rapport au mariage et à la répudiation selon la loi mosaïque, possibilité du prêt à intérêt entre toutes personnes, condamnation de l'usure. Ainsi va naître et se développer un franco-judaïsme, où la morale juive pourra avoir des exigences différentes, ou plus « profondes » que la moralité commune (et la légalité qui lui est liée), mais où il n'existera pas d'incompatibilité entre les deux.

Le Grand Sanhédrin accepte la transformation des anciennes « nations juives » (terminologie de l'Ancien Régime) en « culte israélite », en faisant la distinction entre des « dispositions religieuses » immuables et des « dispositions politiques » (et civiles) plus conjoncturelles. Au cours du XIXe siècle, l'arrivée d'immigrants nécessitera, cependant, un continuel travail d'acclimatation.

Mais ce qui est réclamé à une religion très minoritaire, et considérée au départ comme exogène, ne l'est pas — bien sûr ! — à la « religion de la grande majorité des Français ». La morale civile apparaît un fruit de cette religion-là, que beaucoup identifient à « la religion ». De fait, le « culte catholique », de loin le plus important des « cultes reconnus », doit former les « consciences » et permettre à la « morale » et aux « grandes vérités qui lui servent de sanction et d'appui » de « devenir l'objet de la croyance publique » (Portalis). Cela signifiait, de fait, soit le développement d'un catholicisme « épuré » qui acceptait certains acquis de la Révolution, soit la prédominence, dans la société civile, du catholicisme sur l'héritage révolutionnaire.

Failles et contradictions expliquent que la « paix religieuse » instaurée par le système concordataire ait amené la lutte des « deux France » (ou l'ait prolongée). Toute réalité sociale est conflictuelle, mais dans la seconde moitié du siècle, cette lutte prendra une telle ampleur qu'il faudra trouver une nouvelle solution.

L'inflexion du système concordataire sous la Restauration

La Restauration amène la remise en cause partielle des éléments laïcisateurs du système concordataire. La Charte de 1814 donne au catholicisme un statut de religion d'État sans revenir sur la liberté des cultes reconnus. Le divorce est interdit sans que l'état-civil soit redonné au clergé. Les congrégations sont favorisées et, en 1823, le gouvernement prend une mesure spectaculaire : la loi sur le sacrilège. Cette loi punit les délits commis dans les édifices religieux (la mort en cas de profanation d'hosties consacrées) et la violation d'un dogme catholique. Elle ne sera pas appliquée.

Si net que soit cet infléchissement, il ne rompt pas pour autant avec deux fondements du premier seuil de laïcisation : l'abstention possible en matière religieuse et le libre choix de sa religion. D'où l'indignation de La Mennais : un enfant « pourra croître sans qu'aucune parole du ciel n'ait été prononcée sur son berceau, il pourra mourir sans avoir connu d'autres religions que le culte de lui-même, d'autre morale que le code criminel, d'autre divinité que le bourreau ». Selon lui, puisque « toute doctrine influe en bien ou en mal sur la société », l'État ne doit pas laisser la possibilité de choisir entre celles qui la sapent (protestantisme, déisme, etc.) et celle qui la conforte, la vraie religion catholique *(Essai sur l'indifférence en matière de religion).* La Mennais met là l'accent sur un problème interne à la logique du premier seuil : différentes religions — qui peuvent se concevoir comme opposées — constituent le fondement de la morale utile à la société. Pluricité, voire divergences d'un côté, unicité de l'autre ; cela peut s'avérer contradictoire.

La solution d'un tel paradoxe peut consister à affirmer l'utilité sociale du pluralisme religieux, de la concurrence entre les cultes. Dans cette saine émulation, que l'Église la plus morale gagne ! Tel est l'avis du protestant Alexandre Vinet, lauréat en 1825 du concours sur la liberté religieuse organisé par la Société de la Morale Chrétienne. Poursuivant son raisonnement, Vinet affirme que l'on favorise mieux la religion en la laissant « libre d'entraves et surtout libre de protection ». Il réclame la séparation des Églises et de l'État dans un second mémoire, couronné par la même Société en 1838.

Un autre protestant, Benjamin Constant, l'avait prônée avant lui au nom de l'individualisme religieux. Sous la Restauration, certains articles d'une publication libérale, *Le Globe*, la défend également. Dubois, un de ses rédacteurs, demande la liberté complète pour l'irréligion, le « droit qu'ont toutes les croyances, négatives ou positives, de vivre ensemble et égales sous la protection de la loi ». Un autre, Théodore Jouffroy, écarté de l'enseignement, estime que « les dogmes finissent » et sont maintenant remplacés par l'esprit d'examen. On trouve des idées proches chez Victor Cousin, le maître du spiritualisme. « Sœur de la religion », où elle a puisé des « inspirations puissantes », la philosophie lui est supérieure et elle « l'élève doucement du demi-jour du symbole à la grande lumière de la pensée pure ».

L'opposition à un retour en force du catholicisme est aussi le fait de catholiques gallicans et jansénisants. Ceux-ci font échouer un projet de nouveau Concordat en 1817. Avec Pierre Royer-Collard, ils s'opposent vivement à la loi sur le sacrilège. A la Chambre des Pairs, autour d'un ancien conventionnel breton, Jean Lanjuinais, ils combattent l'influence grandissante des jésuites. Ceux-ci — et d'une façon générale le « parti prêtre » — sont dénoncés en 1826 par un ex-émigré, le comte Montlosier, dans son texte *Mémoire à consulter sur un système religieux et politique tendant à renverser la religion, la société et le trône.* Ce pamphlet remporte un grand succès et, à sa suite, des milliers de petites brochures attaquent le clergé ou les moines. En 1828, des ordonnances limitent l'influence des congrégations sur le système éducatif français.

Irénisme et conflit sous la Monarchie de Juillet

La Révolution de 1830 comporte un aspect anticlérical, et, au début de la Monarchie de Juillet, les rapports des autorités administratives témoignent, dans plusieurs départements, du « peu de sympathie » éprouvée par la population envers le clergé catholique. Les premières mesures prises manifestent la volonté de revenir à une interprétation plus équilibrée du système concordataire : la religion catholique est « professée par la majorité des Français » ; elle n'est plus celle de l'État. La loi sur le sacrilège est supprimée. On ne revient pas, par contre, sur l'interdiction du divorce. Les nouveaux dirigeants du régime — et Louis-Philippe lui-même — sont d'anciens membres de la Société de la Morale Chrétienne qui avait défendu la cause de la liberté religieuse et dont les idées allaient dans le sens de la laïcisation. L'exercice du pouvoir amène cependant ces hommes à se montrer plus modérés. Rapidement, on constate le retour à une relative alliance entre l'État et l'Église catholique, moins nette cependant que pendant certaines années de la Restauration. L'accord ne peut plus se faire sur une commune méfiance à l'égard de 1789. Mais il apparaît nécessaire, et il est appuyé par une certaine bourgeoisie, pour contenir les aspirations populaires à des changements sociaux.

Une des mesures essentielles prise par la Monarchie de Juillet à ses débuts est la loi Guizot du 28 juin 1833. Elle oblige chaque département à entretenir une école normale de garçons, chargée de la formation des instituteurs, et chaque commune de plus de 500 habitants à avoir une école primaire de garçons. Cette école doit être gratuite pour les indigents. Elle n'est pas obligatoire, même si François Guizot est parmi ceux qui inciteront à la réduction du temps de travail des enfants pour en faciliter l'accès.

La loi Guizot est fondamentale pour la formation de

l'institution scolaire et du « clerc laïc » (le terme est déjà utilisé), qui est l'instituteur. Elle va dans le sens de la logique du premier seuil de laïcisation. Nous l'avons défini par rapport au statut social de la religion, mais il serait aussi possible de le caractériser par rapport à d'autres institutions. Ainsi, par cette loi, l'État reconnaît la légitimité et l'intérêt social des « besoins d'instruction », et il façonne une institution particulière qui doit gérer ces besoins avec compétence et rationalité.

Mais la loi Guizot ne va pas jusqu'au bout de la logique du premier seuil. Certes l'existence d'un cours de morale et de religion n'y contrevient-elle pas vraiment : il peut s'agir d'une interférence institutionnelle comme il en existe aujourd'hui entre l'institution scolaire et l'institution médico-sociale (médecine scolaire, présence de psychologues à l'école, etc.). Cependant, plus autonome qu'auparavant, l'instituteur reste en partie le second du curé et, plus consistante, l'instruction elle-même demeure relativement imprégnée d'une atmosphère religieuse (livres pieux pour apprendre à lire, etc.).

Système tout à fait distinct du primaire, le secondaire et le supérieur sont, depuis Napoléon, confiés exclusivement à l'Université. A la revendication de la liberté d'enseignement s'ajoute, de la part de catholiques militants, une mise en cause de l'Université elle-même comme lieu où des vérités religieuses peuvent devenir objet de discussions. Après avoir joué la carte de la conciliation, Cousin se fait le défenseur de l'Université, garante, selon lui, de l'unité nationale. Il faut éviter, déclare-t-il en 1844, « deux éducations essentiellement contraires, l'une cléricale et au fond jésuitique, l'autre laïque et séculière. De là, deux générations séparées l'une de l'autre dès l'enfance et un jour peut-être ennemies ». Professeurs au Collège de France, Jules Michelet et Edgar Quinet font de leur chaire des tribunes anticléricales. Pour le premier, la patrie doit constituer la religion de la France démocratique. Le second souhaitera une révolution religieuse, préalable à ses yeux de toute révolution politique, proche du protestantisme ultra-libéral de William Channing.

La radicalisation des années 1850 et 1860

Malgré ce conflit, il ne semble pas exister de rupture profonde, et le système concordataire constitue apparemment un compromis acceptable à peu près par tous. Loin de le mettre en question, l'instauration de la Seconde République amène la bénédiction d'« arbres de la liberté » par le clergé catholique. Ainsi persiste la nécessité d'une certaine célébration religieuse de l'ordre politique, fût-il républicain. Des catholiques fervents, comme l'abbé Maret, Henri Lacordaire et Frédéric Ozanam affirment l'accord possible entre démocratie et catholicisme. En juin, le socialiste-chrétien Philippe Buchez est élu président de l'Assemblée Nationale. Mais le « parti de l'ordre » et le « parti catholique » (avec Louis Veuillot) ne tardent pas à s'unir. Bien des bourgeois, autrefois plutôt voltairiens et anticléricaux, considèrent maintenant le catholicisme comme le meilleur appui de la propriété. L'utilité sociale de la religion apparaît servir surtout, en fait, les intérêts de la classe des possédants.

La loi Falloux (1850) et son application vont amener une situation fortement conflictuelle. Par certains côtés, cette loi poursuit la structuration de l'institution scolaire déjà entreprise par la loi Guizot. Elle s'intéresse aux écoles primaires de filles et consolide le personnage social de l'instituteur, etc. En même temps, elle renforce le contrôle des notables et des ecclésiastiques et, un peu plus tard, le poids de la religion dans l'enseignement. Perdant une inamovibilité de fait, l'instituteur peut être muté ou démis s'il ne plaît pas au curé. Enfin la loi Falloux dégage l'enseignement libre de la tutelle de l'État. Un malaise persistant en résulte, aggravé par le développement de l'enseignement congréganiste. Dans les années cinquante, de très nombreuses congrégations féminines sont autorisées.

L'Empire autoritaire apparaît, à ses débuts, comme un régime clérical. Le clergé et l'Église catholiques jouissent de libertés qui contrastent avec la répression qui atteint l'opposition au gouvernement. Des ouvrages irréligieux sont poursuivis. En divers endroits, des réunions de petites communautés protestantes se trouvent interdites. Les républicains, et particulièrement les proscrits, manifestent leur colère à l'encontre des prêtres, hier favorables à la liberté, aujourd'hui parmi ses adversaires.

Le catholicisme « intransigeant », c'est-à-dire un catholicisme se présentant comme un système global qui doit imprégner tous les domaines de la vie individuelle et sociale, trouve en Veuillot un très brillant porte-parole. Veuillot indique inlassablement, dans l'*Univers*, que « l'Église » doit combattre les « prétentions de la raison » et l'ensemble des principes issus de 1789. Le pape Pie IX semble lui donner raison en publiant, en 1864, le *Syllabus*, dont Mgr Félix Dupanloup tente de faire une exégèse conciliante. Une des « opinions fausses et perverses » condamnées est la suivante : « Le Pontife Romain peut et doit se réconcilier et transiger avec le progrès, le libéralisme et la civilisation moderne. »

Dans ce contexte, l'Église catholique devient d'autant plus la cible d'une partie de la presse que la critique religieuse s'avère assez vite moins surveillée que la critique politique. Il est possible que le catholicisme ait servi de dérivatif à l'Empire. Mais il faut dire aussi que l'opposition politique se double d'une opposition culturelle : d'un côté le « miracle » de Lourdes, de l'autre l'affirmation de la Science comme étant « la lumière, l'autorité, la religion du XIXe siècle ». On est loin du romantisme, imbu de spiritualité, d'un Lamartine.

Les positions se radicalisent. Du côté catholique, Mgr Dupanloup, auteur, en 1864, de *L'athéisme et le péril social*, accuse ses adversaires de ruiner la morale, car une morale séparée de la religion n'a plus aucune base solide. L'argument n'est pas sans impact : à cette époque la « morale indépendante », donc sans fondement religieux, rencontre encore une méfiance presque unanime. Mais beaucoup éprouvent une méfiance plus grande encore envers ce qu'ils estiment être une trop grande influence de l'Église catholique. Ainsi Gustave Rouland, six ans Ministre des Cultes de l'Empereur, prend-il position, en 1865, contre l'enseignement congréganiste. Et certains penseurs, tel Etienne Vacherot, conjuguent des attaques précises contre le catholicisme avec une polémique globale envers l'ensemble des religions positives. Leurs caractéristiques principales seraient l'autorité, l'intolérance et l'immobilisme. Or la démocratie a besoin d'un citoyen libre, tolérant et actif. Ce sont les « conditions morales » de sa réalisation (*La Démocratie*, 1860). Une idée nouvelle fait donc son chemin : celle de la nocivité sociale de la religion. Celle-ci constituerait un obstacle à l'éclosion d'une morale sociale démocratique. On voit que la justification du système concordataire est non seulement mise en cause, mais totalement inversée.

CHAPITRE IV

L'INSTAURATION DE L'ÉCOLE LAÏQUE

Le « grand diocèse des esprits émancipés »

Le Second Empire se réclamait des principes de 1789, interprétés de façon autoritaire. Sa Constitution interdisait les lois portant atteinte « à la religion, à la morale, à la liberté des cultes ». Cela restait dans la logique du premier seuil de laïcisation et voulait réaliser un équilibre entre la protection des cultes reconnus et le droit à la liberté religieuse. Mais la situation du début des années 1850 crée l'impression durable d'une alliance du « sabre et du goupillon », même si la politique religieuse de l'Empire et son attitude sur la « question romaine » sont ensuite fluctuantes. Le catholicisme « intransigeant » inquiète ; il lutte contre la liberté religieuse coupable, à ses yeux, de traiter de la même façon la « vérité » et l'« erreur ». Il tente aussi de contrecarrer l'évolution qui s'effectue, malgré tout, vers la fragmentation institutionnelle. Ministre de 1863 à 1869, Victor Duruy essaye de développer l'enseignement public féminin qui reste très insuffisant dans le primaire et pratiquement inexistant dans le secondaire.

Pour une partie de l'opinion publique, la liberté de la critique de la religion est devenue un enjeu important. Critique multiforme. Le darwinisme, théorie de l'évolution des espèces, actualise le séculaire débat entre science et religion. Le développement des « sciences religieuses » porte l'affrontement sur le terrain religieux lui-même : cette nouvelle discipline se propose d'étudier scientifiquement les religions, sans se prononcer sur leur validité doctrinale. Souvent venues d'Allemagne, ces sciences sont introduites en France par la Faculté de Théologie protestante de Strasbourg et par des déistes et des libres penseurs. En 1863, Ernest Renan popularise, avec la *Vie de Jésus*, une vision de l'homme de Nazareth bien différente de celle du christianisme traditionnel. La philosophie se veut, de son côté, moins conciliante qu'à l'époque de Cousin. Si le positivisme d'Auguste Comte s'achève par la création d'une religion nouvelle, écartant l'idée de Dieu, il est surtout connu en France grâce à Émile Littré qui lui ôte cet aspect religieux.

Quand la réflexion devient polémique, elle est parfois objet de répression. Après la parution de *La Justice dans la Révolution et dans l'Église*, Pierre Proudhon doit s'enfuir en Belgique pour éviter trois ans de prison. Vacherot, de son côté, est emprisonné à Sainte Pélagie. La critique de la religion prend ainsi un parfum d'opposition politique.

Une force nouvelle se développe. Sainte-Beuve la qualifie de « grand diocèse des esprits émancipés, diocèse immense qui compte par milliers des déistes, des spiritualistes et disciples de la religion dite naturelle, des panthéistes, des positivistes, des réalistes, des sceptiques et chercheurs de toute sorte, des adeptes du sens commun et des sectateurs de la science pure » (1868). C'est cet ensemble de gens, dont certains se retrouvaient déjà dans des Loges maçonniques, que les Sociétés de Libre Pensée vont tenter d'organiser. Si on voulait éviter l'affrontement, il fallait désormais les inclure de façon active dans la liberté religieuse (et non par une simple possibilité d'abstention). Cela impliquait une nette évolution du système concordataire.

Faute d'une telle évolution, le conflit des deux France se développe. Il n'oppose pas religion et athéisme, mais, plus subtilement, deux manières de penser :

— Le mode de pensée des « religions positives », qui tiennent à conserver, au centre de leur foi, un certain nombre de dogmes et de croyances, dont la validité ne peut être mise en cause. A ce moment-là, quand la conviction a un contenu catholique, cette façon de croire implique plus ou moins une opposition aux principes de 1789, ainsi qu'une grande méfiance à l'égard de la science telle qu'elle est en train de se développer. Système dogmatique et renforcement du caractère hiérarchique de l'institution apparaissent liés et significativement, lors du Concile de Vatican I, le dogme de l'infaillibilité pontificale sera proclamé. Or, certains penseurs, dont Vacherot, ont tendance à juger tout système de « religion positive » à travers le prisme du catholicisme dominant de leur époque. De là, l'idée que toute religion structurée est forcément passéiste, incompatible avec le progrès, la science, la modernité et la démocratie. De là, une laïcité de combat qui incitera à des mesures radicales et, souvent, ne sera guère satisfaite des solutions plutôt conciliatrices adoptées dans les années 1880 et en 1905-1906.

— La « pensée libre » ne se confond nullement avec l'athéisme. Elle comprend, au contraire, beaucoup d'esprits religieux : des catholiques qui ont évolué vers le spiritualisme, le déisme et d'autres formes non dogmatiques de la religiosité, des protestants libéraux et évangéliques libres (attachés à la « profession personnelle de la foi »), certains juifs, des adeptes de la « religion de l'Humanité » ou d'autres conceptions religieuses plus ou moins définies.

Dans cette optique, on invoque « la pure morale de l'Évangile », le « sentiment religieux », la « religion de l'esprit », le « rationalisme religieux », la « religion progressive sans dogme obligatoire ni autorité intolérante ». Bref, une religion dogmatiquement destructurée, « épurée », et nettement individualisée. « Chacun de nous porte son temple en soi ; chacun de nous est son propre prêtre », écrit Léon Richer, un des promoteurs du féminisme. Ces diverses formes religieuses apparaîtront au catholicisme « intransigeant » comme liées à une idéologie anticatholique ; c'est pourquoi il aura tendance à ne pas rechercher les points de convergence possibles.

Le Second Empire sombre dans la guerre avec la Prusse, laissant ces problèmes irrésolus. En 1871, la Commune de Paris sépare les Églises de l'État et fait aussi arrêter certains prêtres et religieux. L'archevêque de Paris est tué par les Communeux et cela fait alors davantage impression que la terrible répression qui frappe ces derniers au moment de la « Semaine Sanglante » et après la victoire des Versaillais.

Les années soixante-dix sont politiquement très indécises, et les partisans de la République s'affrontent aux tenants de la Restauration monarchique. Le catholicisme « intransigeant », à enracinement populaire, se situe résolument dans ce dernier camp, et bien des sermons dominicaux constituent un instrument de propagande antirépublicaine. Leurs auteurs sont convaincus que les « malheurs de la France » comme la fin du pouvoir temporel du pape, sont l'aboutissement néfaste de « l'irréligion ». Il est nécessaire de s'en repentir. Le pape Pie IX et le prétendant au trône, le comte de Chambord, sont unis dans la même vénération. Et lors de grands pèlerinages, les « fidèles » chantent : « Sauvez Rome et la France au nom du Sacré-Cœur ! »

La protection ou l'alternance alliance-affrontement

Les crises de l'Ordre Moral et du Seize Mai achèvent de convaincre l'opinion publique, de quelque bord qu'elle soit, de l'incompatibilité du catholicisme et de la République. D'ailleurs, cette dernière peut-elle constituer un régime stable ? La première République a duré une dizaine d'années, la seconde environ quatre ans. Quel va être l'avenir de la troisième ? Pour l'assurer, il faut, estiment des républicains, déraciner dans le pays cette idéologie contre-révolutionnaire imprégnée de religieux, qui semble constituer une menace permanente.

En 1869, le programme républicain de Belleville demandait la séparation des Églises et de l'État. En fait, dès 1871, Léon Gambetta insiste surtout sur l'urgence de séparer « les écoles de l'Église [catholique] ». « Un parti dominant dans l'Église, précise-t-il, s'est arrogé le droit presque exclusif de distribuer l'enseignement dans nos écoles, de pétrir et former l'enfant, pour saisir l'homme et le citoyen, pour arriver à l'État lui-même. » Peu nuancée, cette description indique clairement que, soixante-dix ans après la mise en place du système concordataire, l'État n'est pas hors d'atteinte de la religion, contrairement à ce qu'avait voulu Bonaparte.

Protecteur de différents cultes, l'État devait être au-dessus de chacun d'eux. Mais les cultes minoritaires étaient trop faibles en légitimité et en poids numérique pour éviter le face-à-face, de fait, entre l'État et l'Église catholique. Or, si elle était protégée par l'État, et donc en partie subordonnée à lui, l'Église catholique avait pour mission — au nom de l'utilité sociale de la religion — de donner des cadres moraux à la société, de protéger la société contre la « corruption des mœurs et de l'esprit », et d'éviter sa « démoralisation » (terme utilisé par Robespierre pour justifier le culte officiel de l'Être Suprême en 1794). De son point de vue, elle pouvait à bon droit imprégner socialement les mentalités et recevoir aide et assistance de l'État à cette fin. L'accomplissement de la mission que l'État lui avait donnée impliquait un gouvernement qui lui soit favorable. De la protection, on passait donc à l'alliance, et quand la conjoncture politique changeait, de l'alliance à l'affrontement.

Alliances et affrontements alternent tout au long du XIXe siècle ; souvent, les deux se succèdent, dans un sens ou dans l'autre, dans le cadre du même régime politique. Car si l'État (notamment conservateur) peut avoir intérêt à l'alliance, il lui faut aussi sauvegarder son indépendance. Il doit d'autre part, à cette époque, protéger le développement d'institutions non religieuses (logique de la fragmentation institutionnelle). L'institution médicale est un bon exemple de ce fait. Elle se construit, alors, contre les thérapies populaires et les activités sanitaires du clergé catholique. L'État intervient dans les deux cas. Sa juridiction permet aux médecins de gagner les procès qui se multiplient contre les « empiriques » dans le deuxième tiers du siècle. L'aide de lois favorisant la médecine est essentielle, car le plus souvent les condamnés, soutenus par des témoins affirmant avoir été guéris par leurs soins, sont applaudis et les médecins hués par un public en colère. Parallèlement, l'État interdit aux religieuses le droit de vendre des remèdes (1840), et le Ministère des Cultes demande, sous le Second Empire, assez mollement il est vrai, que le clergé se cantonne à donner quelques soins gratuits pour des affections sans gravité.

Mais, nous l'avons vu, la concurrence est particulièrement vive à propos de l'école. La Contre-Réforme a voulu retourner contre le protestantisme l'arme de l'instruction du peuple et a conçu l'école comme un élément de la pastorale. La Révolution a élaboré une sorte d'idéologie de l'école sans avoir le temps de développer une politique de l'école. Les partisans des principes de 1789 arriveraient-ils à réaliser la politique de leur idéologie ? Dès 1849, Edgar Quinet affirmait la nécessité de rompre la collaboration entre l'instituteur et le prêtre (qui maintenait, en fait, la subordination du premier envers le second). « L'instituteur laïque en intervenant dans l'Église y fait rentrer l'hérésie. Le prêtre, en intervenant dans l'école, y fait entrer la servitude. Que faut-il donc faire ? Les séparer ? », écrivait-il dans *L'Enseignement du peuple*. En 1882, Ferry dira de ce livre : « C'est mon bréviaire. »

Les grandes lois scolaires

La Révolution avait formulé un projet, Quinet un programme, Jean Macé apporte une pratique. 1848 le convainc que l'instruction du peuple est le complément indispensable du suffrage universel. En 1863, il fonde la Société des bibliothèques communales du Haut-Rhin. Trois ans plus tard, il crée la Ligue de l'enseignement dont le siège est installé à Paris, où existe déjà un groupe actif, lors de la guerre de 1870. La Ligue dépose, en juin 1872, un chariot de près de 850 000 signatures en faveur de l'instruction obligatoire au siège de l'Assemblée Nationale. Des cercles locaux se multiplient, et mêlent militance républicaine et lutte en faveur de l'instruction. La Ligue va constituer le complément associatif indispensable au développement de l'école laïque.

Toujours en vigueur, la loi Falloux avait été aggravée — d'un point de vue républicain — par celle du 12 juillet 1875 (liberté de l'enseignement supérieur, fin du monopole de l'État dans l'attribution des grades). Ministre de l'Instruction publique de 1879 à 1883, Ferry va mettre en place un nouveau dispositif scolaire qui sera complété ensuite. Significativement, la première loi votée (août 1879) oblige chaque département à entretenir une école normale d'institutrices. Pour Ferry et ses amis, l'Église catholique maintient son influence dans le pays grâce aux femmes. C'est donc un problème de vie ou de mort pour la démocratie : « Il faut que la femme appartienne à la Science (et non) qu'elle appartienne à l'Église. »

Dans l'enseignement supérieur, on restitue à l'État la collation des grades (18 mars 1880), mais Ferry n'arrive pas à faire interdire l'enseignement aux congrégations non autorisées (article 7). Deux décrets vont se substituer à cet article, l'un expulsant les jésuites, l'autre obligeant les autres congrégations non autorisées à se faire enregistrer. Et bientôt Ferry devient président du Conseil (septembre 1880).

La gratuité des écoles primaires est adoptée sans trop de problèmes (juin 1881). Il n'en est pas de même pour la laïcité. Mgr Charles Freppel critique l'idée d'une possible « neutralité » de l'école : « Ne pas parler de Dieu à l'enfant pendant sept ans, alors qu'on l'instruit six heures par jour, c'est lui faire accroire positivement que Dieu n'existe pas, ou qu'on n'a nul besoin de s'occuper de lui. L'instituteur se renfermera dans une abstention complète à l'égard des matières religieuses ! Mais, l'abstention est impossible ; car suivant que l'on croit ou que l'on ne croit pas à l'existence de Dieu et à l'immortalité de l'âme, la pensée et la vie humaine prennent un tout autre cours. »

Certains républicains ne sont pas très éloignés des préoccupations de l'évêque. Jules Simon, auteur en 1856 d'un ouvrage, *La religion naturelle*, proteste lui aussi contre l'éventuelle suppression de la mention de Dieu dans l'enseignement. A son avis, une sorte d'instruction religieuse déconfessionnalisée apparaît possible : on peut parler de Dieu aux enfants « sans y mêler les théories qu'agitent les philosophes ». Pour Ferry, au contraire, seule la neutralité va de pair avec le respect de toutes les consciences. En ces temps de lutte politico-religieuse, elle garantit l'absence d'un « enseignement irréligieux ou antireligieux ». L'instituteur qui s'y adonnerait « serait aussi sévèrement réprimé que s'il avait commis cet autre méfait de battre ses élèves ou de se livrer contre eux à des sévices coupables ».

Autre point sensible : la possibilité de mettre les locaux scolaires à la disposition des ministres des cultes reconnus, en dehors des heures de classes, pour une instruction religieuse. Ferry accepte cette possibilité. Paul Bert et le parti radical s'y opposent fermement. La proposition, faite à l'Assemblée, de l'autoriser quand l'école et l'édifice religieux sont éloignés de plus de 2 km, se heurte à la double opposition de députés catholiques (partisans du tout ou rien) et de certains républicains.

La loi du 28 mars 1882 rend l'enseignement primaire obligatoire et laïque. Elle remplace « l'instruction morale et religieuse » par « l'instruction morale et civique » et donne aux enfants un jour de congé hebdomadaire, outre le dimanche, « afin de permettre aux parents de faire donner, s'ils le désirent, l'instruction religieuse en dehors des édifices scolaires ».

Après le départ de Ferry, deux autres lois compléteront le dispositif : celle du 30 octobre 1886, qui laïcise le personnel enseignant, et celle du 19 juillet 1889, qui fixe les dépenses de l'enseignement primaire et décide le paiement des instituteurs par l'État.

La fondation de la morale laïque

Une morale laïque sera désormais enseignée. Sa création est au cœur du conflit des deux France, conflit auquel la situation du pays, qui doit se « relever » après la défaite, donne un aspect dramatique. Dans les deux camps, en effet, on est persuadé de la nécessité d'une profonde unité morale pour la société française et chacun s'estime seul capable d'opérer cette indispensable unification.

La logique du premier seuil de laïcisation comporte la conception de la religion comme force morale indispensable au bon fonctionnement de la société. Formellement, il s'agit d'une société qui peut être conservatrice ou progressiste. Mais Bonaparte et Portalis considéraient aussi la religion comme un garant contre la « subversion » et, de plus en plus, la religion dominante était devenue le synonyme d'un ordre hostile aux valeurs de 1789.

Quelle religion peut devenir un ferment moral pour la société post-révolutionnaire ? Cette question traverse le

XIXe siècle. Le protestantisme attire certains intellectuels qui comparent les progrès effectués par les pays du Nord de l'Europe au déclin des pays latins (Espagne, etc.). D'autres formes religieuses moins structurées ont également leurs partisans : multiples variétés de déisme, de spiritualisme, religion de l'Humanité, etc. On parle aussi de « morale naturelle » liée à la « religion naturelle ». Sous le Second Empire, une revue, *La Morale Indépendante*, ose affirmer que la loi morale peut se suffire à elle-même. Un de ses collaborateurs, disciple de Kant, Charles Renouvier, publie, en 1869, la *Science de la Morale*. Ces diverses réflexions, et notamment la dernière, préparent le terrain à la morale laïque. Celle-ci nous paraît présenter cinq aspects :

— Le premier oppose l'universalité de la morale à la particularité des religions. Ferry défend l'idée que, loin d'être une conséquence des religions, la morale est le noyau solide qui a permis leur emprise. Il veut donc extraire de la religion la « morale éternelle » qui est recouverte par des spéculations métaphysiques.

— Le deuxième développe le thème suivant : aujourd'hui, la science donne à la morale des fondements beaucoup plus solides que ceux que la religion peut lui fournir. Cela va être l'époque où le savant apparaît comme un modèle moral et où les médecins étendent leur sphère d'autorité. Certains écrivent, par exemple, des ouvrages sur le mariage.

— Voici le troisième aspect : la structure même de

l'école laïque apparaît créatrice de morale. Lieu d'apprentissage de la tolérance, elle permet à tous les petits Français, quelle que soit leur classe sociale ou leur religion, de se connaître et de s'accepter. De même, garçons et filles recevront la même éducation, ce qui facilitera l'unité, de l'unité du couple à celle du pays. Par l'école, la République elle-même est porteuse de valeurs.

— C'est là le quatrième aspect : le cours de morale est devenu un cours d'éducation morale et civique. Ferry a explicitement promis la neutralité religieuse, non « la neutralité philosophique (ou) politique ». Les valeurs républicaines, issues de 1789, doivent être enseignées. Aimer la France, c'est aussi aimer la liberté, la justice, et la tolérance. Patriotisme et universalisme se conjuguent dans le civisme républicain.

— Enfin, cinquième et dernier aspect : Ferry laisse le Conseil supérieur de l'Instruction Publique faire figurer les « devoirs envers Dieu » dans le programme du cours de morale. Si la religion n'est plus enseignée de façon concrète, la transcendance comme souffle moral et dépassement de la finitude de l'être humain peut rester un des fondements de la morale laïque.

CHAPITRE V

LA SÉPARATION ET LE SECOND SEUIL DE LAÏCISATION

La morale laïque : inflexion du premier seuil

La création de l'école laïque s'effectue dans le cadre du système concordataire. Se situe-t-elle dans la logique du premier seuil de laïcisation ou en rupture avec lui ? La réponse sera nuancée. D'une certaine façon, la laïcité scolaire constitue, dans un domaine-clef, l'aboutissement du premier seuil. Nous avons vu, au XIXe siècle, l'instituteur contrôlé par le curé et partiellement subordonné à lui. Il peut devoir interrompre sa classe pour l'aider, lors d'un enterrement, par exemple. Les lois laïques l'affranchissent de toute tutelle cléricale. C'est la réalisation de la fragmentation institutionnelle.

Mais la distinction des domaines ne signifie pas que ne puissent pas exister certaines interférences. L'interdiction du local scolaire pour le catéchisme signifie, au-delà de l'alliance occasionnelle qui l'a permise, une non-reconnaissance de la valeur sociale d'un tel enseignement. Cela marginalise la religion. Ferry affirma d'ailleurs qu'elle avait paru « inexplicable et vexatoire même aux moins cléricaux de nos paysans ». Elle constitue un signe annonciateur d'une autre logique.

De façon générale, la création de la morale laïque pose la question de l'utilité morale de la religion. Ferry déclarait aussi bien que la morale « tenait debout toute seule » et que toute aide à la formation morale de l'individu-citoyen, même celle des religions positives, était la bienvenue. Cette possibilité pouvait-elle se réaliser au niveau du catholicisme ? Cela supposait une certaine compatibilité entre morale catholique et morale laïque. Or, après quelques incidents locaux, Rome met à l'index le 15 décembre 1882, quatre manuels de morale : ceux de Paul Bert, Gabriel Compayré, Jules Steeg et Mme Henry Gréville. Parmi les passages incriminés, nous trouvons l'exposé des principes areligieux de la morale laïque. Ainsi ces propos de Paul Bert : l'école doit d'abord « former des hommes et des femmes, dont l'âme fortement trempée ne subordonne pas l'idée de la morale aux croyances religieuses et qui puissent être moraux sans avoir été ou après avoir cessé d'être croyants ».

D'autres passages condamnés comportent l'énoncé du principe démocratique (« Les gouvernements ne doivent se regarder que comme l'organe de la volonté populaire », Steeg), une mise en parallèle de la guillotine et des dragonnades (Bert), un contraste effectué entre l'Inquisition et la liberté de penser et de croire (Steeg), des allusions au caractère pleinement suffisant du mariage civil (« Le mariage religieux n'est que la consécration faite à l'église ou au temple du mariage qui est définitif dès qu'il a été célébré civilement », Compayré), l'affirmation que « la maternité a élevé la femme au-dessus du niveau inférieur où l'homme la reléguait » (Mme Gréville).

Cette affaire provoque un conflit : des ecclésiastiques lisent en chaire la mise à l'index, voire menacent de priver de sacrements les utilisateurs de ces manuels. Le gouvernement suspend le traitement de deux mille de ces prêtres. Rapidement, le pape Léon XIII et Ferry calment le jeu. En novembre 1883, ce dernier écrit une « Lettre aux instituteurs », souvent citée. Elle insiste sur la nécessité de s'en tenir à une morale élémentaire qui ne saurait froisser « un seul honnête homme ». « Vous n'êtes point l'apôtre d'un nouvel Évangile », affirme le Ministre à « Monsieur l'Instituteur ».

Que peut conclure ce dernier ? A la lecture des passages mis à l'index : que l'opposition entre morale catholique et morale laïque est complète. A la lecture de la lettre de Ferry : que la laïcité implique d'être neutre, de ne rien dire qui puisse choquer un seul « père de famille » catholique. Bref, il lui faut trouver quelques règles élémentaires de morale commune et s'en tenir là. Certes, tous les instituteurs n'adopteront pas cette attitude, mais beaucoup le feront.

En créant l'école laïque, Ferry se veut novateur et pacificateur. Double tâche de l'homme politique mais qui comporte peut-être une contradiction interne. Comme pour tout système de valeurs, promouvoir ou enseigner la morale laïque suppose une attitude engagée, critique, voire polémique. Mais, pour ne pas aboutir à une idéologie d'État, la règle édictée de la laïcité réclame d'être neutre à l'égard des diverses croyances qui sont « personnelles, libres et variables ». Idéalement, être un « laïque », c'est-à-dire un partisan actif de la laïcité, consisterait à tenir ensemble ces deux attitudes. Ce ne sera guère facile.

Les autres mesures laïcisatrices des républicains

Les mesures laïcisatrices prises par la « République des Républicains » ne concernent pas le seul domaine scolaire. Une loi de novembre 1814 interdisait les « travaux ordinaires » les dimanches et jours de fête. Elle est abrogée en juillet 1880. Elle n'était guère appliquée. Sous le Second Empire déjà, il paraissait difficile pour le gouvernement de « prêter sa force à l'application des préceptes extérieurs des religions professées en France » sans violer la liberté religieuse et aussi la liberté... du commerce.

En 1884, d'autres dispositions sont prises. La plus connue est le rétablissement du divorce (27 juillet), dû notamment à l'action du médecin (ce n'est pas un hasard) Alfred Naquet. Mais il faut signaler également la loi municipale d'avril qui interdit « d'établir dans les cimetières des distinctions ou des prescriptions particulières » en raison des croyances du défunt ou des circonstances de sa mort. En clair, on ne pourra plus mettre en « terre maudite » des corps de protestants ou de suicidés. D'autre part, la révision constitutionnelle du 14 août abroge les prières publiques « dans les églises et dans les temples » lors de la rentrée des Chambres.

A ces mesures spécifiques, il faudrait ajouter des dispositions plus générales concernant les libertés (liberté de la presse, etc.) dont les conséquences pour la liberté religieuse ne sont pas négligeables. Ainsi la nécessité d'une autorisation préalable pour les diverses réunions publiques est-elle abolie en 1881. Les protestants louent cette « loi vraiment libérale » qui met fin, selon eux, aux tracasseries subies, à divers moments du siècle, par leurs tentatives d'évangélisation.

Plus feutré que pour l'école, un mouvement de laïcisation s'effectue aussi dans le domaine médico-social. Assez souvent anticléricaux, les médecins ont conquis un certain poids politique (de façon constante, au moins 10 % des députés sont issus de leur corps). Mais, dans les hôpitaux, les religieuses restent un élément essentiel de l'encadrement. Rédacteur du *Progrès Médical* et député, Bourneville contribue à la laïcisation des établissements hospitaliers parisiens et à la naissance du métier d'infirmière. « Servantes dévouées des pauvres », les infirmières doivent être aussi des auxiliaires compétentes de l'homme médecin. Des écoles sont créées pour leur formation. En 1893, la loi sur l'assistance médicale gratuite impose à la nation le devoir de soigner les pauvres. Et, plus globalement, une certaine visée thérapeutique s'élargit, à cette époque, à toute la question sociale.

Idéologiquement, l'établissement de la laïcité républicaine met aux prises un camp catholique et un camp laïque, allant d'athées résolus aux membres de minorités religieuses en passant par différentes variétés de spiritualistes. Mais seuls des militants — au sens large de ce terme — s'affrontent de façon permanente. La majorité des Français se tient plus ou moins à distance des idéologies constituées : « Elle en prend et elle en laisse », comme on dit. Non seulement nous trouvons certains catholiques convaincus (critiques à l'égard du catholicisme « intransigeant ») parmi les artisans de la laïcité, mais une grande partie du soutien électoral des républicains continue de se référer, de diverses manières, au catholicisme. Ces « catholiques selon le suffrage universel » (l'expression est de Littré) trouvent dans la religion des cadres de croyance et des repères symboliques, et dans la République des espoirs de progrès et d'ascension sociale. Ils contribuent à façonner la laïcité à la française et à tracer les frontières qu'elle ne pouvait transgresser sans risque de choc en retour. Une question se pose en outre : si les femmes avaient alors disposé du droit de vote, la laïcité aurait-elle eu tout à fait le même visage ?

Vers la loi de séparation des Églises et de l'État

En 1892, Léon XIII demande aux catholiques français d'être soumis à la République comme « représentant du pouvoir venu de Dieu ». Ce ralliement est conditionnel : accepter la constitution, tenter de faire changer la législation, ce qui fait d'ailleurs partie du jeu démocratique. Il n'est pas sans conséquence, mais n'évite pas une nouvelle crise au tournant du siècle.

Cette crise est née de l'affaire Dreyfus, marquée par

la montée de l'antisémitisme nationaliste et catholique « intransigeant », mais aussi par bien des timidités et des ambiguïtés dans le camp républicain et laïque. Cependant, une nouvelle fois, va prévaloir l'impression que la République se trouve menacée par le « péril clérical ». Les gouvernements de « défense républicaine » (1899) et du Bloc des gauches (1902) vont mener une politique hostile aux congrégations et acheminer la France vers la séparation des Églises et de l'État.

Après les décrets de 1880 déjà, plusieurs milliers de congréganistes avaient été expulsés, provoquant des démissions de magistrats et de militaires. L'importante loi de juillet 1901 sur les associations exclut les congrégations de la liberté associative. Elles seules doivent demander une autorisation législative, car, seules, elles supposent des engagements à vie. Les membres des congrégations non autorisées n'ont pas le droit d'enseigner ; on peut se demander s'il ne s'agit pas de supprimer tout service public rendu par des clercs afin de leur prouver leur non utilité sociale.

En 1902 et 1903 des écoles et établissements congréganistes sont fermés, ce qui provoque parfois de sérieux incidents. De son côté, le parlement refuse l'autorisation à presque toutes les congrégations qui la lui demandent. Une loi de juillet 1904 interdit l'enseignement aux congréganistes. Dans l'Ouest, défense est faite aux prêtres de prêcher et de catéchiser en breton. Cette forte tension se double d'un conflit entre la France et le Saint-Siège qui amène la rupture de leurs relations diplomatiques (30 juillet 1904).

La séparation des Églises et de l'État apparaît alors « inéluctable ». Depuis trente-cinq ans, elle est inscrite dans le programme républicain. Mais, longtemps, l'opinion publique n'était pas prête à l'accepter. Le Concordat donnait au gouvernement des possibilités d'intervention qui n'étaient pas négligeables. Inversement, le pape Léon XIII avait finalement accepté l'école laïque, en grande partie parce que le Concordat n'était pas mis en question, même si certains crédits se trouvaient rognés. Le soutien apporté par la République aux missions d'Outre-Mer faisait de la France une puissance coloniale catholique. Persisterait-il en cas de rupture des liens concordataires ?

Retardée, la séparation s'effectuera donc dans un climat d'affrontement. Cette situation rend impossible l'idée d'un juriste protestant de mettre les organisations religieuses au bénéfice de la loi des associations de 1901. Il faut promulguer une loi spécifique. Et plusieurs modèles de séparation sont possibles. Nous en trouvons schématiquement trois dans les projets élaborés.

Un premier modèle est antireligieux et combatif. Le projet de loi du « petit père Combes » (octobre 1904), alors président du Conseil (et de conviction personnelle spiritualiste) va dans ce sens. Il oblige chaque organisation ecclésiastique à éclater en autant d'unions d'associations religieuses qu'il existe de départements. D'autres projets visent, selon Briand qui les critiquera, à une loi « braquée sur l'Église comme un revolver ». C'est effectivement le catholicisme qui se trouve visé, mais, vu leur fragilité, les minorités religieuses seraient encore plus atteintes.

Un deuxième modèle est démocratique et concurrentiel. Il laisse la possibilité aux Églises de s'organiser sur le plan national. Mais, propriété publique depuis la Révolution, les édifices religieux seront remis aux associations religieuses (ou « cultuelles ») constituées localement. En clair, des curés, choisis par leur communauté, pourront ne plus être en accord avec leur évêque sans que l'État y trouve à redire. Après la séparation, il sera possible à des Églises « dissidentes » de se constituer et de recevoir des bâtiments ecclésiastiques. Pour l'Église catholique elle-même, l'autorité légale viendra de la base. *La Croix* dénonce cette « tentative de protestantisation » du catholicisme (14 juin 1905). Effectivement, certains protestants, espérant attirer les Églises nouvelles dans l'orbite de leur confession religieuse, y sont favorables.

Un dernier modèle est libéral et respectueux de l'organisation propre de chaque Église. Jaurès, désireux d'aboutir à une loi pacificatrice qui permette ensuite de s'attaquer aux problèmes sociaux, le fait prévaloir. Pour lui, l'État républicain doit espérer une évolution interne du catholicisme et non permettre le développement d'Églises concurrentes. Devenus des « contribuables volontaires », les « fidèles » auront les moyens de favoriser cette évolution. *La Dépêche du Midi*, organe radical anticlérical, accuse d'ailleurs Jaurès de pratiquer un « socialisme papalin », et de « fabriquer une loi de conservation, c'est-à-dire de recul ». Jaurès répond alors : « La grande réforme de la séparation doit s'accomplir sans secousse, sans émoi, et doit pouvoir être acceptée par le pays tout entier. »

La logique du second seuil de laïcisation

Présentée par le socialiste Aristide Briand, préparée notamment par un protestant (Méjan) et un juif (Grunebaum-Ballin), la loi de séparation est promulguée le 11 décembre 1905. « La République assure la liberté de conscience. Elle garantit le libre exercice des cultes » sous les « restrictions » dues à « l'ordre public » (art. 1). Elle « ne reconnaît, ne salarie ni ne subventionne aucun culte » (art. 2). Modifié, l'article 4 stipule que les associations qui se conformeront aux « règles d'organisation générale du culte dont elles se proposent d'assurer l'exercice » disposeront des édifices ecclésiastiques publics. De fait, cela fait place à la hiérarchie catholique. Et Briand insiste sur ce fait dans la discussion de la loi : « Les Églises ont des constitutions que nous ne pouvons pas ignorer ; c'est un état de fait qui s'impose, et notre premier devoir à nous, législateurs, est de ne rien faire qui soit attentatoire à la libre constitution des Églises [déjà existantes]. »

Le dernier modèle l'emporte donc, même si des traces des deux autres sont encore présentes. Les trois modèles comportent, d'ailleurs, des points communs. Avec l'instauration de l'école laïque apparaissait déjà un certain mouvement de bascule de la logique du premier seuil vers une autre logique. Événement structurant, la séparation signifie la mise en place de cette autre logique. Là encore, nous pouvons l'évaluer à partir d'un instrument de mesure qui en donne une sorte de portrait-robot : le second seuil de laïcisation. Il est marqué par trois caractéristiques :

La dissociation institutionnelle

La religion n'est plus officiellement considérée comme une des institutions qui structurent la société globale. Elle est institutionnellement marginalisée et se privatise. Alors que la pratique scolaire et qu'une certaine pratique médicale, par exemple, sont devenues (ou deviennent) institutionnellement obligatoires, la religion est, elle, sur ce plan-là, totalement facultative.

L'absence de légitimité

Devenus « affaire privée », les « besoins religieux » n'ont plus d'objectivité socialement reconnue. La question de l'utilité de la religion pour la société n'a plus de pertinence publique. D'autres institutions ont plus ou moins tendance, à un niveau fonctionnel, à la remplacer.

La liberté religieuse

Elle fait partie des libertés publiques. L'État garantit, à chaque citoyen, la liberté de conscience, et lui permet de se regrouper, avec d'autres, en différents cultes, associations de « droit privé ». L'indifférence ou le refus de la religion sont également libres.

Toute instauration d'une séparation entre les Églises et l'État n'implique pas forcément l'adoption d'une semblable logique. Dans d'autres pays, la séparation était déjà ou sera réalisée dans d'autres conditions. Sans entrer dans le débat sur les avantages et les inconvénients des différents types de séparation (sur quelle séparation est la plus

« authentique »), il est possible de faire quelques constatations :

— La séparation française, comme celle d'autres pays, est une production historique et sociale. Elle est le résultat d'un ensemble d'actions et de réactions dues aux différents groupes en présence. Par l'ensemble de ses comportements, le camp catholique l'a produite au même titre (quoique de façon différente) que le camp laïque.

— La séparation de 1905 est marquée par la victoire du camp laïque et le souci de certains de ses membres d'aboutir à un compromis. L'évolution des projets de loi, après la chute de Combes (janvier 1905) ressemble à la politique de Ferry : jouer la pacification à long terme contre la victoire complète à court terme.

Pas plus que la logique du premier seuil, la nouvelle logique mise en place n'instaure une situation statique, figée. L'histoire induit du mouvement et aucune réalité n'échappe à de possibles infléchissements, voire à de nouvelles tentatives de ruptures.

CHAPITRE VI

LA PAIX LAÏQUE

Construction et caractéristiques du second seuil

En vingt-cinq ans, les républicains ont donc construit un système laïque original, différent de la situation prévalant dans d'autres pays. Un certain « messianisme patriotique », une conception de la « mission civilisatrice » de la France, porteuse des « valeurs de 1789 », les a animés. Cela n'empêchait pas la diversité de références, et on a pu parler des « quatre coins des traditions républicaines ». Les *Lumières* : Voltaire, Diderot, Rousseau, Condorcet qui relie l'*Encyclopédie* à la Révolution. Le *positivisme* avec la volonté de Comte d'allier « Ordre et Progrès ». Un certain *protestantisme* qui insiste sur l'individualisme religieux et donne à la République des collaborateurs connaissant la théologie (Buisson, Pécaut, Steeg pour Ferry). La *maçonnerie*, républicaine dès le Second Empire, agnostique à partir de 1877, et vivier de formation et de sociabilité des élites républicaines. A ces « quatre coins », on doit ajouter deux ailes : une forme de *libre pensée* militante et antireligieuse, ainsi qu'une forme de *catholicisme* qui concilie sa religion et les principes de 1789.

Nous trouvons cette diversité dans le personnel républicain et dans l'encadrement de l'école laïque. Elle se manifeste également lors de la séparation. Un seul exemple : une enquête très large du journal *Le Siècle* contribue alors à faire échouer le projet de la loi Combes. Animée par un dignitaire de la maçonnerie (Brisson) et un protestant (Allier), elle sera rééditée par Péguy.

Nous pouvons donc parler d'une sorte de pacte laïque établi entre diverses composantes et faisant aussi droit à certaines préoccupations de l'autre France, à la fois adversaire et partenaire. Comme toute construction sociale, un tel pacte est marqué par l'époque où il est élaboré et par les tensions existant entre ses différents auteurs : il est donc un compromis, qui donne cependant une légitimité certaine à la laïcité.

La religion « affaire privée » implique sa dissociation des grandes institutions de la société et son absence de légitimité reconnue : elle n'exerce plus de service public ; sa possible utilité sociale est mise entre parenthèses. Ces deux caractéristiques du second seuil coexistent avec la troisième : la liberté religieuse. La favorise-t-elle ou la gêne-t-elle ?

Pour tous ceux qui sont critiques à l'égard des religions

ou opposés à elles, la privatisation du fait religieux permet d'accéder à une liberté nettement plus consistante que celle dont ils disposaient avec la logique du premier seuil. Mais un nouveau problème apparaît : concilier la religion « affaire privée » et la liberté religieuse de ceux qui sont convaincus que la religion comporte nécessairement une dimension sociale.

Deux points sont à examiner : la dimension symbolique et le problème financier. Au niveau symbolique, il faut remarquer que la logique du second seuil opère une privatisation synchronique. Ainsi les édifices publics ne doivent-ils comporter aucun emblème religieux (progressivement, avant même 1905, des crucifix ont été enlevés des écoles et des prétoires, par exemple). Ce qui subsiste d'imprégnation diachronique de la société par le christianisme n'est pas touché : le dimanche reste le jour férié normal et, de Noël au 15 août, la majorité des jours de fête chômés sont rattachés à la tradition chrétienne catholique. Par ailleurs, malgré ce que voulaient certains libres penseurs, la privatisation n'exclut pas une visibilité sociale : les prêtres peuvent se déplacer en soutane, les processions ne portent pas atteinte à l'ordre public. La jurisprudence du Conseil d'État va aller dans un sens libéral.

Le problème financier n'a pas seulement une dimension économique. Pour les tenants du respect strict de l'article 2, la puissance publique ne doit pas aider les religions à se maintenir. La séparation constitue une sorte d'épreuve de vérité qui permettra de connaître leur importance réelle. Pour d'autres, au contraire, comme le coopérateur protestant Charles Gide, les cultes devraient pouvoir bénéficier de subventions au même titre que d'autres activités (culturelles, artistiques, de bienfaisance), sans que cela n'attente à la liberté de ceux qui s'abstiennent d'y participer. Dans cette perspective il existe une différence entre : considérer le choix religieux comme individuel et personnel, et reléguer complètement la religion dans la sphère privée. En passant de la légitimation de la valeur sociale de la religion à la légitimation de sa non-valeur sociale, on valoriserait désormais implicitement l'indifférentisme religieux.

Du conflit à l'apaisement

A dominante libérale, la loi de séparation contient cependant quelques « restrictions » au « libre exercice des cultes » et leur donne une organisation légale qui double l'organisation propre de chaque Église. Faut-il l'accepter ? Les minorités religieuses répondent « oui », les catholiques sont divisés. Plusieurs évêques, des notables et des intellectuels sont disposés à jouer le jeu. Mais la presse catholique, les anciens congréganistes et le peuple catholique de l'Ouest estiment que le libéralisme de la nouvelle loi est un leurre, son application sera « persécutrice ». Il faut donc prendre les devants et résister.

Un conflit éclate à l'occasion de l'inventaire des biens ecclésiastiques. Des manifestants catholiques s'affrontent à la police lors de l'ouverture des portes de certaines églises. Pourtant, lors des débats à la Chambre, personne n'avait sérieusement contesté la nécessité d'inventorier les biens ecclésiastiques avant de les remettre aux associations cultuelles. Des évêques avaient demandé au clergé d'adopter une attitude « passive mais correcte » au moment des inventaires. Certains catholiques considéraient, cependant, cette mesure comme une profanation et une campagne de presse, menée par *La Croix* et les *Croix* de province, les renforça dans cette conviction. Symboliquement, les inventaires rappelaient les persécutions de l'an II, même s'il s'agissait, en fait, de tout autre chose.

Les fonctionnaires de l'enregistrement trouvent donc certaines églises barricadées. Des affrontements violents se produisent. Il y a mort d'un homme en mars 1906. Déjà le 11 février, Pie X avait condamné la loi dans son principe et ses modalités *(Vehementer Nos)* : elle limite « l'action de l'État à la seule poursuite de la prospérité publique durant cette vie » sans s'occuper de la « béatitude éternelle » (en fait, c'était déjà le cas de la logique du premier seuil) et elle constitue une violation du « droit des gens » et de « la fidélité publique due aux traités » (en dénonçant unilatéralement le Concordat). Par contre, des personnalités catholiques adressent une « supplique aux évêques » pour qu'ils ne s'opposent pas à la loi (26 mars 1906).

En mai, le Bloc des gauches gagne les élections. Clemenceau — laïque strict — diffère certains inventaires. Briand, chargé des cultes pendant cinq ans, répond à l'intransigeance du Saint Siège — qui entraîne la hiérarchie catholique dans son refus — par une application large de la loi et l'acceptation d'un certain vide juridique pour l'Église catholique. En 1924, le pape Pie XI acceptera la formation d'associations diocésaines, proches des associations cultuelles prévues par la loi de 1905.

Entre-temps, un climat nouveau s'est instauré. Perdant de son importance politique, la « question religieuse » ne suscite plus les passions anticléricales, parfois « agressives », du début du siècle. Le mouvement libre penseur ne réussit pas durablement à marquer les moments les plus importants de la vie par des cérémonies civiles. Les luttes restent cependant vives à propos de l'école.

La guerre de 1914-1918 accélère ces changements. Aux catholiques persuadés que la « morale sans Dieu » aurait de funestes conséquences, elle montre que l'école laïque n'a pas produit un peuple de lâches, prêts à fuir au premier assaut de l'ennemi. Aux laïques qui suspectaient les catholiques d'être de mauvais Français, elle montre la possibilité d'une « union sacrée » entre les « différentes familles spirituelles », si la patrie se trouve menacée.

Après la victoire, les trois départements d'Alsace-Lorraine, perdus en 1871, redeviennent français. La législation locale des cultes — le Concordat, les Articles Organiques et des modifications opérées par l'Allemagne en 1905 et 1909 — est maintenue. Par ailleurs, l'enseignement primaire reste régi par la loi Falloux que diverses mesures administratives (1921, 1933, 1936, etc.) cherchent à adapter au respect de la liberté religieuse. La logique du premier seuil reste donc dominante même si, culturellement, elle sera amenée peu à peu à s'acclimater, dans une certaine mesure, à la situation générale de la France.

Un régime spécifique se maintient donc dans des départements qui n'étaient pas français lors de l'adoption des lois scolaires et de la loi de séparation. Mais on peut se demander si cette différence de législation n'est pas également liée à une histoire différente, dans la longue durée. Sous l'Ancien Régime, l'Alsace était au bénéfice du Traité de Westphalie (1648), qui établissait certaines garanties de liberté religieuse. Les mesures persécutrices de la Révocation de l'Édit de Nantes ne furent pas appliquées à cette province, même si les protestants subirent des tracasseries. Bref, avant même 1789 et le XIXe siècle, une relative paix confessionnelle s'était instaurée. De là une tradition bien différente du reste de la France, en ce qui concerne les rapports entre religion et société.

Le nouveau climat des années 1920 se marque par la participation de députés catholiques à la majorité républicaine modérée, dite du Bloc National. Le Bloc affirme que « la laïcité de l'État doit se concilier avec les droits et les libertés de tous les citoyens à quelque croyance qu'ils appartiennent ». Ce n'est pas différent de ce que dit l'article I de la loi de séparation, et pourtant bien des catholiques considèrent que le ton est nouveau. Grâce à l'avis positif du Conseil d'État, les associations diocésaines, conformes aux règlements canoniques de l'Église catholique, sont déclarées compatibles avec la loi de 1905.

Lors du Cartel des Gauches, Herriot tente d'étendre les lois laïques aux trois départements de l'Est. Il veut aussi appliquer la loi d'expulsion des congrégations, suspendue au début de la guerre et mettre fin aux relations diplomatiques avec le Saint-Siège, rétablies sous la législature du Bloc national. Catholiques militants et congréganistes anciens combattants protestent. Herriot doit renoncer à ses projets parce que, semble-t-il, l'opinion publique ne perçoit plus de « menace cléricale » envers la République. Pourtant au début de 1925, l'Assemblée des évêques parle des lois « dites de laïcité ». Cette fois c'est le Saint-Siège qui joue l'apaisement en s'affirmant étranger à cette déclaration. Peu après l'Action Française est mise à l'index (hiver 1926-1927). Et, ensuite, le Front Populaire n'amènera pas de tension particulière entre le gouvernement et l'Église catholique.

La défaite de 1940 provoquera de vives critiques contre la « République laïque ». Mentionnons, ici, pour mémoire, les lois persécutrices prises à l'encontre de la communauté juive, et les mesures défavorables aux francs-maçons. On sait que l'attitude de l'Église catholique, à cette époque, a été controversée. Mais les liens entre Vichy et un certain catholicisme ne font pas rebondir le conflit à la Libération : la Résistance a uni « incroyants » et « croyants » dans un combat commun. En 1946, les évêques estiment qu'il peut y avoir une signification « positive » du terme de laïcité, à côté de ses acceptions « négatives ». Au moment même où un catholicisme militant est réintroduit dans la vie politique française par la création du « Mouvement Républicain Populaire », la laïcité est officiellement proclamée par la Constitution de la IVe République.

La laïcité réduite à la défense de l'école laïque

Les tensions vont désormais être visibles surtout à

propos de l'école. La position laïque est claire : « A école publique, fonds publics, à école privée, fonds privés. » Elle va se trouver de plus en plus battue en brèche, et cela pour deux raisons. D'abord, l'opinion publique est moins mobilisée qu'au tournant du siècle : l'Église catholique n'apparaît plus comme une contre-société menaçante, mais plutôt comme un des nombreux groupes de pression d'une société démocratique. Ensuite, dans d'autres domaines (secteur médico-social, mouvements de jeunesse, etc.), des initiatives privées (qu'elles soient non confessionnelles ou confessionnelles) sont subventionnées, car on considère qu'elles contribuent à un service public.

En 1951, les lois Barangé et Marie accordent une aide forfaitaire pour tout enfant scolarisé (dans le public ou dans le privé) et permet aux élèves du privé d'obtenir des bourses.

De 1952 à 1957, des pourparlers sont engagés entre la France et le Saint-Siège pour régler, en même temps, le problème des départements de l'Est et celui de l'école. Un régime intermédiaire entre le public et le privé serait créé. Des établissements scolaires passeraient des conventions avec l'État, et à des engagements financiers de ce dernier correspondraient divers degrés d'intégration.

Au début de la Ve République, la loi Debré (1959) reprend ce projet, en l'infléchissant dans un sens plus favorable au privé. En contrepartie d'aides financières substantielles (salaire des enseignants et frais d'externat), les programmes et les méthodes de l'enseignement public doivent être adoptés et la liberté de conscience respectée. Mais l'État reconnaît aussi le « caractère propre » (notion assez vague) des établissements privés sous contrat.

Des manifestations laïques et une pétition de onze millions de signatures ne modifient pas la loi. Au contraire, elle se trouve accentuée par la loi Guermeur (1977) qui, entre autres, renforce les pouvoirs des chefs d'établissements et l'exercice du « caractère propre ».

De 1958 à 1981, la droite a gouverné. En 1981, la gauche arrive au pouvoir. Les établissements privés regroupent 16 % des enfants scolarisés ; ils sont à 90 % catholiques, même si les motifs religieux ne constituent qu'un facteur parmi d'autres du choix des parents. Leurs partisans sont désireux de maintenir les avantages acquis, alors que le Comité National d'Action Laïque est hostile aux lois adoptées depuis 1945.

Le Ministre, Alain Savary, engage avec toutes les parties en présence des négociations assez difficiles. Il propose une rénovation globale de l'Éducation Nationale par le moyen d'une certaine décentralisation et d'une plus grande autonomie des établissements. Le privé sous contrat s'insérerait dans ce nouveau cadre. Des modalités complexes d'application sont prévues. Ce plan ne satisfait pas vraiment les laïques et inquiète les défenseurs du privé. L'Assemblée le vote avec des amendements qui renforcent la logique intégratrice (mai 1984). Une grande manifestation hostile, près d'un million et demi de personnes, a lieu à Paris en juin. Le 12 juillet, François Mitterrand annonce le retrait de la loi Savary.

L'échec est dû à plusieurs raisons. Certes, la droite a trouvé, dans la défense de « l'école libre », un bon moyen de mettre le gouvernement en difficulté. Mais une bonne partie des laïques militants sont apparus en décalage par rapport à la majorité de l'opinion publique. Celle-ci est devenue pragmatique : vraiment satisfaite d'aucune école, elle veut au moins pouvoir choisir. La complexité du projet Savary a contribué à lui faire perdre la bataille médiatique face au terme simple de la « liberté de l'enseignement ». La laïcité apparaît en crise.

La crise de la laïcité

L'échec du « Grand Service Public Unifié et Laïque » promis par la gauche en 1981 intervient lors du centenaire des « lois laïques » sur l'école. En cent ans la laïcité semble avoir perdu sa dimension de mouvement social, alors même que le principe de laïcité — que la Ve République a maintenu dans sa Constitution — ne semble plus subir d'attaque frontale.

Culturellement, l'élément dynamique de la laïcité a été la constitution de la morale laïque. Mieux qu'une religion particulière, elle devait être capable d'assurer l'unité morale et la « santé morale » du pays. De 1880 à 1920, les valeurs laïques sont au cœur du débat intellectuel. Alain, Bouglé, Bourgeois, Durkheim, Fouillé et d'autres marquent ce débat, ainsi que des associations comme *l'Union de libres penseurs et libres croyants pour la culture morale.*

Mais la laïcité ayant, globalement, gagné ses combats, le camp laïque a tendance à se disloquer, surtout après la « Grande Guerre ». Ses troupes militantes restent surtout dans le milieu enseignant. Peuvent-elles adapter, renouveler la morale laïque historiquement liée à la prise de pouvoir des républicains et à l'époque où celle-ci s'est effectuée ? Pour prendre un exemple, malgré Jaurès, la morale laïque apparaît, de façon dominante, plus sociale que socialiste (doctrine de la solidarité). Des enseignants vont se trouver marqués par le thème de la lutte des classes puis par la remise en cause du colonialisme. Bref, sans oublier les préoccupations professionnelles concrètes, de nouveaux combats vont avoir lieu. Et aussi un nouveau climat intellectuel : « immoralisme » d'André Gide, « non-conformisme » des années trente, « existentialo-marxisme » de Sartre.

Dans ce contexte, la notion de « neutralité » telle que la prônait la laïcité républicaine devient peu compréhensible (alors qu'une réflexion issue de Max Weber aurait pu l'actualiser). Cela n'est sans doute pas étranger aux échecs successifs des laïques sur l'école. Or la notion de « laïcité » apparaît de plus en plus réduite à ce seul domaine. Pourtant d'autres luttes, comme celle menée dans les années 1950 et 1960 pour la légalisation de la contraception, ont comporté une indéniable dimension laïque — les options propres de l'Église catholique constituant le principal obstacle au changement de la législation civile — mais cela n'est pas vraiment perçu par l'opinion.

De façon plus générale, en cent ans, les cinq aspects fondateurs de la morale laïque se sont déstructurés. Prenons-les dans l'ordre inverse de celui adopté à la fin du chapitre IV :

— La question de la transcendance. Problème délicat : dès le tournant du siècle, il est proposé de supprimer les « devoirs envers Dieu » du programme. Réalisé dans beaucoup d'endroits lors de la séparation, ce sera fait officiellement par un gouvernement du Bloc national en 1923. De façon plus globale, la question de la transcendance a été laissée à la réflexion religieuse.

— Le civisme républicain a tenu plus longtemps. La Résistance pouvait lui donner un nouveau souffle. Mais les guerres coloniales lui ont été fort dommageables. L'histoire s'est dégagée d'une vision morale. Patriotisme et universalisme ne s'associent plus de façon évidente.

— L'école laïque elle-même a été contestée. On lui a reproché d'être « l'école-gendarme », instrument disciplinaire de normalisation ou « l'école du capital » reproduisant les inégalités sociales. Menées dès le début du siècle, ces contestations ont rencontré un impact certain en « mai 1968 ». Elles ont précédé d'autres mises en question (le peu d'efficacité de l'institution scolaire, par exemple).

— Une dissociation entre « science » et « morale » s'est produite. La science apparaît de plus en plus comme une « technoscience » dont l'efficacité fonctionnelle n'est pas niable mais qui, loin d'aider à résoudre les questions morales, en crée de nouvelles (difficilement solubles) par sa puissance même. Le développement de la génétique est significatif et, dans les comités de bioéthique, on fait souvent appel à des représentants de « sensibilités religieuses ».

— La « bonne vieille morale » de Ferry, la morale universelle et éternelle, les évidences morales stables : autant de convictions qui ont pris quelques rides. Une mutation s'est produite dans certains domaines comme celui de la sexualité (avant 1965 : interdiction du nu intégral dans les magazines et films ; 1975 : autorisation de la représentation d'actes sexuels non simulés) ou de la mise en scène de la violence. A la privatisation de la religion succède la privatisation de la morale.

Un renouveau de la laïcité

Dans ce contexte d'ensemble, une culture et une morale laïques sont-elles encore possibles ? La laïcité n'est-elle plus qu'une règle institutionnelle, issue de l'histoire mais n'ayant plus grande signification et susceptible d'interprétations multiples ? Au moment même où certains pourraient croire à l'anachronisme de la laïcité, un renouveau se produit.

Dans les années 1980 resurgit une certaine pertinence de termes moraux ; certains journalistes parlent même de « génération morale ». Au slogan « une seule solution, la révolution », crié par les militants de « mai 68 », leurs fils et leurs filles répliquent plutôt par l'affirmation du nécessaire « respect des différences ». Il en est beaucoup question, notamment à propos des personnes d'origine non européenne habitant en France depuis une date récente. Dans un premier temps, très peu de références sont faites à la laïcité comme réponse possible à ce type de préoccupations. Sans doute est-elle perçue comme trop liée à une vision uniformisante de la société française.

Mais une double évolution se produit après 1984. Certains se demandent si la notion de « droit à la différence », même si elle apparaît généreuse, est apte à résoudre à elle seule les problèmes liés à l'arrivée de nouvelles communautés. Issus de leur histoire et de leur civilisation, leurs comportements ne sont pas sans effets sociaux. Jusqu'où peuvent-ils mettre en question l'identité culturelle et symbolique française ? Certes, beaucoup hésitent à aborder publiquement ces questions, par crainte d'alimenter le racisme ; ils s'aperçoivent cependant que des éléments de civilisation — dont ils se désintéressaient tant qu'ils leur semblaient acquis — sont le résultat historique de luttes et d'efforts qu'il faut adapter à notre temps sans les laisser disparaître. On veut donc concilier un vivre ensemble, une unité et le pluralisme, la diversité. Tel est justement le problème auquel la laïcité s'est durablement affrontée.

A cette interrogation nouvelle répond un renouveau du courant laïque. De façon peu perceptible, la pensée de certains laïques avait évolué. Après 1984, *la Ligue de l'Enseignement* décide de mettre cartes sur table. En contact avec d'autres, elle organise une vaste réflexion sur la laïcité et la démocratie *(Laïcité 2000, Cercles Condor-*

cet) et engage un dialogue avec diverses organisations religieuses. En 1989, un texte commun de la *Ligue* et de la *Fédération Protestante de France* est publié. Le quotidien catholique *La Croix* organise un colloque ; tables rondes, numéros de revues, articles de presse remettent la laïcité à l'ordre du jour. Un sondage *Encyclopaedia Universalis-SOFRES* montre que les Français accordent toujours de l'importance à la séparation des Églises et de l'État. Ils l'estiment compatible avec un enseignement d'histoire des religions à l'école publique qui serait tout à fait distinct d'une perspective catéchétique. Un large débat s'instaure.

Les difficultés que peuvent rencontrer les musulmans pour disposer de mosquées, comme les menaces de mort contre l'auteur des *Versets Sataniques*, Salman Rushdie, en montrent l'importance. De même, l'attitude officielle de l'Église catholique est marquée par une certaine ambivalence : depuis Vatican II, elle se montre favorable à la liberté religieuse, mais elle ne semble pas avoir tout à fait renoncé à l'exercice d'un magistère moral. Certains saluent son évolution ; d'autres redoutent son éventuelle hégémonie.

D'autres sujets de discussion existent. La situation a changé depuis le début du siècle, mais souvent de façon silencieuse, sans réel débat public. Des mesures contre les congrégations sont apparues contraires aux droits de l'homme, elles tombent plus ou moins en désuétude. Les pouvoirs publics, de gauche comme de droite, contournent des dispositions de la loi de séparation qui leur semblent anachroniques. Par ailleurs — paradoxe — le

Concordat d'Alsace-Lorraine, maintenu tel quel, fait du Président de la République le dernier chef d'État à nommer des évêques catholiques. Subrepticement, la notion d'utilité sociale de la religion continue de fonctionner. Les anciens cultes reconnus s'en réclament pour assouplir, voire pour chercher à dépasser la privatisation de la religion. Des autorités musulmanes l'invoquent pour obtenir le droit à des édifices de culte (« l'Islam s'oppose à la drogue, à l'ivrognerie, à la délinquance »). Mais, la plupart du temps, la logique de la privatisation prédomine, et, inversement, certains proposent une législation spéciale sur les sectes et une lutte publique contre les « intégrismes de tous bords », parce qu'ils les croient socialement nocifs. Le temps n'est-il pas venu de clarifier tout cela, de rechercher un nouveau pacte laïque ?

Toute réflexion sur la laïcité est aussi une composante de la réflexion sur la démocratie. Quelle est, aujourd'hui, l'institution englobante ? Certainement plus la religion. Sans doute pas, non plus, l'école ou la médecine, liées à des idéologies de progrès actuellement en crise. Peut-être, en revanche, l'institutionnalisation de la communication. L'église n'est plus au centre du village : les « étranges lucarnes » se trouvent au cœur de chaque appartement.

CHAPITRE VII

LA LAÏCITÉ, AUJOURD'HUI... ET DEMAIN

L'affaire des foulards

En automne 1989 a lieu en France un événement qui est l'occasion d'un grand débat : ce débat vaut la peine d'être examiné, car il est tout à fait représentatif des enjeux dont la laïcité aujourd'hui est porteuse. Alors que, selon de doctes commentateurs, un « consensus mou » régnait en France, et que la « mort des idéologies » entraînait avec elle la fin de tout conflit d'idées, cette même France se passionne tout à coup pour un problème de discipline dans un collège : de la « une » des journaux aux conversations des transports en commun, il n'est alors question que de cette affaire.

Le débat est provoqué par la décision du principal du collège de Creil (Oise), qui interdit l'accès des classes à trois jeunes collégiennes musulmanes qui, pendant les cours, refusaient d'enlever le foulard cachant leurs cheveux (début octobre 1989). Le débat rebondit après la décision du Ministre de l'Éducation Nationale : les élèves ne doivent pas arborer des signes religieux à l'école, mais, s'ils persistent à le faire, la scolarité doit être considérée comme prioritaire (25 octobre 1989). Le 1er novembre, le problème n'est toujours pas réglé. Cinq « intellectuels » publient un manifeste qui commence ainsi : « L'avenir dira si l'année du Bicentenaire de la Révolution aura vu le Münich de l'école républicaine. » Les enseignants de Creil refusent l'accès des classes aux trois jeunes filles (ils leur donnent des cours dans la bibliothèque), en attendant un avis du Conseil d'État, saisi par le Ministre (4-6 novembre 1989). L'affaire se calme à la mi-novembre : la fin du Mur de Berlin et les changements dans les pays de l'Est supplantent le problème des foulards, dans les médias comme dans les conversations particulières. Mais le 16 novembre, la rééducatrice d'un collège de Montmagny (Val-d'Oise) est obligée, devant la menace des enseignants, d'enlever son foulard à l'intérieur de l'école. Car, en fait, depuis plusieurs années, quelques élèves, voire telle ou telle enseignante de certains établissements scolaires, étaient revêtues du foulard islamique, ou « hidjeb », sans que cela pose, en apparence, d'importants problèmes. Ainsi, dans l'enseignement supérieur public, quelques jeunes femmes, revêtues d'un foulard, suivent des cours qui prennent la religion, et notamment l'Islam, comme un objet d'études extérieur.

Le débat rebondit fin novembre après l'avis du Conseil d'État. Celui-ci affirme : « Dans les établissements scolaires, le port par les élèves, de signes par lesquels ils entendent manifester leur appartenance à une religion, n'est pas en lui-même incompatible avec le principe de laïcité. » Cependant, cela ne doit pas porter atteinte « aux activités d'enseignement, au contenu des programmes et à l'obligation d'assiduité ». Parmi les objectifs de l'enseignement : « Inculquer le respect de l'individu, de ses origines, de ses différences, garantir et favoriser l'égalité entre les hommes et les femmes. »

Au même moment, un parti d'extrême droite, le Front National, profite de l'ampleur prise par l'affaire, et obtient de forts pourcentages dans deux élections législatives. Le débat change alors en partie de nature et se centre autour du problème global de l'immigration. Comme nous ne pouvons pas ici lui donner cette extension, nous nous en tiendrons à ce qui s'est passé avant l'avis du Conseil d'État.

Au départ, les clivages idéologico-politiques habituels n'ont pas fonctionné. Chaque position était partagée par des personnes opposées entre elles sur la plupart des « problèmes de société ». Les partis politiques se sont trouvés divisés. Ainsi, le groupe parlementaire du Centre des Démocrates sociaux (C.D.S.), réuni par P. Méhaignerie, pour dégager une attitude commune, s'est départagé en deux opinions d'égale importance. Peu à peu, les stratégies se sont précisées, et des camps plus ou moins hétéroclites se sont formés.

Le journal *France Soir* du 24 octobre 1989 donna un échantillon des multiples arguments invoqués. Suivant le caractère prioritaire accordé à tel ou tel argument, et l'impression que tel autre n'entre pas en ligne de compte, les positions prises seront différentes :

POUR	CONTRE
Admettre le port du foulard islamique, c'est :	Admettre aujourd'hui le port du foulard islamique, c'est :
— Respecter la liberté de conscience et la liberté religieuse de chacun. — Laisser libres les parents d'élever leurs enfants comme ils l'entendent sans que l'État se substitue à eux. — Protéger les élèves qui veulent pratiquer leur religion. — Accepter d'élever les enfants dans une société multi-culturelle. — Admettre une conception de la condition féminine différente. — Ouvrir l'école de la République à tous sans distinction de sexe, de race, ou de religion. — Refuser de prendre en otage des enfants dans des querelles religieuses et politiques.	— Considérer que les intérêts individuels priment les intérêts collectifs, et donc mépriser les lois républicaines. — Refuser la laïcité, fondement de l'école de la République, libre, gratuite et obligatoire. — Accepter demain la remise en cause de la mixité, des cours de sciences naturelles qui abordent les problèmes de la sexualité et de la gymnastique. — Rendre légale un jour l'excision des petites filles africaines ou la polygamie. — Distinguer les enfants par des critères de sexe et de religion. — Rallumer la querelle entre écoles publiques et écoles libres.

— Aider à l'intégration des immigrés musulmans et de leurs traditions.
— Faire confiance à l'esprit critique de chacun, même des plus jeunes.

— Rendre public un engagement qui doit rester de l'ordre de la vie privée.
— Annuler les conquêtes récentes des femmes pour l'égalité des sexes.
— Ouvrir la porte à tous les intégrismes.

Les militants de la laïcité étant classiquement « de gauche », prenons deux exemples dans cette famille de pensée :

Madame X. pense que l'on peut tolérer le port du foulard dans les écoles. Elle aura tendance à invoquer le respect de la liberté religieuse, la valeur d'un apprentissage des différences (on peut être, « à la fois semblables et différents »), l'ouverture de l'école à tous les enfants, l'intégration progressive de la communauté musulmane et une confiance dans la capacité d'esprit critique de chacun.

Il semblera à Madame X. que ni la laïcité ni les lois républicaines ne sont en cause. Au contraire, dans sa perspective, les deux aspects sont liés aux valeurs qu'elle vient de donner. Elle ajoutera volontiers qu'il ne faut pas confondre tous les problèmes : on peut être ferme sur le contenu de l'enseignement (les sciences naturelles) et souple sur le vêtement ; ferme sur l'excision qui crée une mutilation à vie, et libérale à propos de foulards qui pourront être enlevés un jour ou l'autre. Elle estimera enfin qu'il faut accepter de voir l'Islam, en France, évoluer à son rythme et se montrer tolérant chaque fois que possible. C'est le meilleur moyen, conclura-t-elle, de limiter l'influence de « groupes intégristes », qui profitent de l'ampleur prise par une telle affaire et de la publicité que leur donnent les medias.

Monsieur Y. est, lui, partisan de l'interdiction du foulard à l'école. Il trouve cette affaire extrêmement grave : la laïcité et la légalité républicaine sont menacées dès lors que l'école laïque n'est plus « l'espace de liberté » où les distinctions religieuses et les autres différences culturelles peuvent être abolies. On accueille des catholiques, pas le catholicisme, et des musulmans, pas l'Islam. L'école ne doit pas être un champ clos où les opinions s'affrontent. Si le foulard était toléré, le père de famille entrerait subrepticement en classe. On ne voit pas alors ce qui pourrait l'empêcher de réclamer une « mise à l'index » de tout ce qui lui déplairait. En effet, on ne transige pas avec l'intégrisme : s'il obtient l'acceptation du foulard, il réclamera publiquement des dispenses pour certains cours. Le problème existe, déjà, d'ailleurs, dans certains établissements. L'école laïque a reculé en 1984 ; elle ne doit pas subir aujourd'hui un nouvel échec. Pour Monsieur Y., enfin, dans cette affaire, c'est la liberté de la femme qui est en cause et nullement la liberté religieuse.

Quelques constatations peuvent être faites :

— Comme tout problème concret, l'affaire des foulards mêle plusieurs aspects. La conception de la laïcité n'est pas seule en cause. Le statut de la femme l'est aussi, lié à toute l'ambivalence de la situation des jeunes musulmans. Le rythme de leur adaptation est également impliqué.

— D'autre part, les positions prises se sont souvent trouvées liées à des situations précises. Les enseignants (et notamment les professeurs de philosophie), en majorité, semblent avoir été favorables à l'interdiction du foulard : ils voyaient dans celui-ci une atteinte à leur autorité, voire une contradiction avec le contenu de leur enseignement. Certains se sont montrés très passionnés. Mais un sondage indique que la majorité des adolescents adoptaient l'avis exactement inverse. La liberté du vêtement est importante pour eux et une attitude un peu provocante ne semble pas leur déplaire !

— On retrouve, sur le plan politico-religieux, ces différences de motivations. La droite musclée et l'extrême droite ont pris parti pour l'interdiction et ont profité de l'occasion qui leur était donnée de tenir des propos très hostiles à l'Islam, sans se voir accuser de racisme. Mais certains catholiques de gauche prônaient, eux aussi, l'interdiction avec une tout autre raison : s'opposer à la hiérarchie catholique, adepte, selon eux, « non désintéressée », de la tolérance.

— Malgré cette extrême diversité, deux courants ont émergé chez les laïques ; ils correspondent assez bien aux deux personnages typiques mis en scène. Nous avions surtout vu à l'œuvre, depuis 1984, les partisans d'un renouveau de la laïcité. Ils avaient engagé une réflexion d'ensemble et organisé diverses rencontres (cf. la fin du chapitre VI). Le problème des foulards a permis à une autre tendance de se manifester publiquement et fortement. Nous trouvons, maintenant, deux sortes de militants de la laïcité, en désaccord explicite entre eux :

— Ceux qui prônent une « laïcité de combat ». Ils déclarent que « la laïcité est et demeure par principe une bataille ». Cette bataille est menée prioritairement autour de l'école, « seule institution qui soit dévolue à l'universel », et doit, en conséquence, refuser tout « asservissement » aux « particularismes extérieurs ». Ce courant estime qu'il maintient la tradition historique de la laïcité contre les tenants d'une « nouvelle laïcité ». Cela n'est que très partiellement exact. Certes, l'école laïque a lutté contre les langues régionales, dialectes et patois, au nom de l'universalisme des valeurs françaises. Mais, aussi bien dans les années 1880 qu'en 1905, ce sont des solutions de compromis qui ont prévalu. Pour prendre un seul exemple, les crucifix n'ont été enlevés que très progressivement des écoles publiques après les lois laïques ; cela a même pris plusieurs décennies.

Nous trouvons dans ce courant, avec des nuances diverses, des socialistes plus ou moins jacobins, des francs-maçons, des syndicats enseignants (F.E.N., S.N.I.), l'association « France Plus », etc.

— Ceux qui prônent une « laïcité pacificatrice ». Ils affirment que « l'universalisme laïque ne doit pas servir de prétexte à l'exclusion », ni de refus de l'expression publique de tout particularisme : « On ne transplante pas un arbre en lui coupant ses racines. » La laïcité doit pouvoir offrir à chacun les « conditions objectives » d'un libre choix (sous-entendu : une politique efficace de l'intégration des immigrés constitue un enjeu autrement plus important qu'une querelle autour de quelques foulards), et il faut laisser à l'Islam le temps de s'acclimater. Cette position fait penser au point de vue de Jaurès au début de ce siècle. Toujours avec des nuances, nous trouvons là des socialistes plus ou moins décentralisateurs, la Ligue des Droits de l'Homme, la Ligue de l'Enseignement, la Fédération Protestante de l'Enseignement, SOS Racisme, etc.

Chaque courant peut reprocher à son vis-à-vis des alliances « suspectes » : le courant laïque strict fait remarquer que des « dignitaires religieux » sont favorables à une laïcité ouverte, dont ils espèrent bien tirer avantage. Le courant conciliateur constate que la droite, qui manifestait en 1984 contre l'école laïque, se range majoritairement maintenant parmi les défenseurs d'une laïcité pure et dure.

Cette importante querelle a valeur symbolique : elle met en cause la façon dont différents idéaux sont liés, les hiérarchisations implicites de valeurs faites dans la vie courante et les stratégies adoptées pour faire prévaloir tel ou tel système de valeurs. Mais, comme à l'accoutumée, le débat comporte aussi des non-dits. Tentons de percevoir certains d'entre eux :

— Pour tout le monde, il existe un lien entre oppression de la femme et certaines pratiques de l'Islam, et un autre lien entre libération de la femme et République laïque. Or, la laïcité républicaine s'est constituée entre 1880 et 1905 ; le droit de vote des femmes en France date de 1945. Il y a, au minimum, un décalage. De plus, au moment même de l'affaire des foulards, les écoliers pouvaient voir sur les kiosques qui jalonnent leur chemin une publicité largement étalée (en contradiction avec une loi sur la protection de la jeunesse, loi tombée en désuétude), pour la revue *Domina*. Elle montrait une femme nue, tête baissée, air soumis, et promettait un reportage complet de « photo dressage ». C'était pratiquement une apologie de « l'esclavage sexuel ».

— Autre opinion consensuelle : il vaudrait mieux, pour ces trois jeunes filles, ne pas porter de foulard ; tout le débat consiste alors à savoir si cet abandon doit être immédiat ou à terme. Beaucoup les plaignaient très sincèrement. Au même moment, l'ensemble des medias — et principalement la télévision — effectuaient une promotion des trois collégiennes à rendre jalouses bien des vedettes confirmées. Multipliant les interviews, passant du plateau d'une chaîne de télévision française à un autre, Fatimah, Leila et Samira étaient devenues des stars par le simple fait qu'elles avaient gardé un foulard sur la tête. Il fallait voir ces jeunes filles, de plus en plus télégéniques, portant un foulard de plus en plus pimpant. Et quel sentiment de puissance elles ont dû éprouver à diviser, ainsi, la France entière !

— Il existe également un consensus dans la société française pour dénoncer un « danger intégriste », une nocivité sociale de l'intégrisme religieux. N'insistons pas sur le flou de cette notion d'intégrisme, ni sur les phrases convenues, attaquant « l'intégrisme de tous bords » qui permet de voir n'importe quel mouvement plutôt traditionaliste à travers le prisme du chiisme iranien le plus radical (comme au XIXe siècle on avait fini par voir toute « religion positive » à travers le prisme du catholicisme « intransigeant »). Notons simplement que nous ne sommes plus, en France, dans la logique du XIXe siècle ; la séparation de 1905 a été construite sur un compromis : la mise entre parenthèses de l'utilité et de la nocivité sociales de la religion.

Le discours actuel joue sur deux logiques : la religion, affaire privée, quand elle est considérée comme non intégriste ; la religion, affaire publique, quand elle est considérée comme intégriste. Cette contradiction ne pourra pas tenir longtemps ; ou bien des « croyants » vont dénoncer un climat antireligieux (certains le font déjà), ou bien on reviendra subrepticement à une logique proche de celle du XIXe siècle. En attendant, le discours social a pour résultat une formidable campagne de promotion de « l'intégrisme », dont les représentants sont régulièrement invités dans les medias. La faible visibilité actuelle du protestantisme en France semble liée au fait qu'il ne comporte pas de courant « intégriste » assez puissant et qu'il n'apparaît pas assez socialement nocif pour être en mesure d'intéresser les medias !

— Une des caractéristiques fondatrices de la laïcité est la liberté religieuse. Elle s'applique aux religions déjà existantes, à l'athéisme, mais doit aussi inclure la liberté pour de nouvelles religions. Après la première guerre mondiale, quand le nombre des musulmans a augmenté dans la France métropolitaine, la mosquée de Paris fut édifiée sous le patronage d'hommes politiques républicains (Briand, Herriot et Poincaré). Aujourd'hui, nombre de Français se sont opposés aux constructions de mosquées. Cette opposition n'a pas provoqué d'indignation et de débat d'une ampleur comparable à l'affaire des foulards.

— Pendant qu'un grand débat s'effectue pour savoir si la présence de foulards en classe met ou non en péril la laïcité républicaine, les élèves des écoles publiques de trois départements de l'Est suivent officiellement des « cours de religion », donnés par des représentants des communautés judéo-chrétiennes (non par des musulmans). S'il existe en France aujourd'hui une dérogation à la règle générale en matière de laïcité scolaire, c'est bien celle-là. Or, elle semble admise par tous puisque, ni en 1982-1984, ni maintenant, personne ne soulève ce problème qui touche, pourtant, un point considéré généralement comme important.

En fait, ce problème constitue peut-être un des aspects sous-jacents du débat. Celui-ci porte explicitement sur la question « Islam et laïcité ». Mais, implicitement, il est beaucoup plus global. Pour les tenants de la ligne stricte, la laïcité française est comme assiégée : elle recule depuis 1945, elle est menacée d'OPA par l'Église catholique (qui parle de « nouvelle laïcité ») et elle va être mise en difficulté par la construction de l'Europe. De là leur ton dramatique et leur appel : « Ne capitulons pas. » Pour les tenants d'une laïcité ouverte, au contraire, le recul est en partie venu d'un vieillissement et d'un rétrécissement de « l'idée laïque ». Il faut moderniser la laïcité française, par exemple en créant un cours d'« histoire des religions », à l'école publique. En présentant un visage dynamique, la laïcité française pourra proposer à divers pays européens, où les rapports institutionnels Églises-État sont marqués d'archaïsme, un modèle attractif.

BIBLIOGRAPHIE SOMMAIRE

Ouvrages généraux :

— E. Poulat, *Liberté-Laïcité*, Paris, Cerf-Cujas, 1987.

— Ligue Française de l'Enseignement, *Laïcité en miroir*, Paris, Edilig, 1985.

— Idem, *Laïcité en mémoire*, Paris, Edilig, 1987.

— Idem, *Laïcité 2000*, Paris, Edilig, 1987.

— Cercle Condorcet. *Les phénomènes religieux aujourd'hui et la laïcité*, Paris, Ligue de l'Enseignement, 1989.

— « De la morale laïque », *Le Supplément*, n° 164, avril 1988.

— « Église et État dans la société laïque », *Lumière et Vie*, n° 190, décembre 1988.

— « L'usage politique du religieux », *L'événement européen*, 1989/8.

— R. Debray, *Que vive la République*, Paris, Odile Jacob, 1989.

— J. Robert, *La liberté religieuse et le régime des cultes, PUF, 1977.*

L'instauration de la laïcité républicaine :

— P. Chevallier, *La séparation de l'Église et de l'École,* Paris, Fayard, 1981.

— J.M. Gaillard, *Jules Ferry*, Paris, Fayard, 1989.

— J.M. Mayeur, *La séparation de l'Église et de l'État*, Paris, Julliard, 1966.

— C. Nicolet, *L'idée républicaine en France*, Paris, Gallimard, 1982.

On complètera avec profit cette courte bibliographie par des ouvrages de sociologie et d'histoire de l'anticléricalisme, de l'école, de la politique et de la religion.

TABLE DES MATIÈRES

Achevé d'imprimer par Corlet, Imprimeur, S.A.
14110 Condé-sur-Noireau (France)
N° d'Imprimeur : 16178 - Dépôt légal : février 1990

Imprimé en C.E.E.